Bo 12/3

Reinhardt Jung
Das geheime Wissen der Pinguine

Reinhardt Jung, geboren 1949, aufgewachsen in Espa/Taunus. Er arbeitete als Journalist und Werbetexter in Berlin, dann als Journalist für das internationale Kinderhilfswerk terre des hommes. Seit 1992 ist er Leiter der Abteilung Kinderfunk im Süddeutschen Rundfunk. Reinhardt Jung lebt in Stuttgart.

Bei Jungbrunnen sind folgende Titel erschienen: Kleine Hände, kleine Fäuste (1983), Mord in der Sierra (1991).

Reinhardt Jung

DAS GEHEIME WISSEN DER PINGUINE

Jungbrunnen

„Das geheime Wissen der Pinguine", das hier erstmals in Buchform gelüftet wird,
ist vielen Menschen bekannt geworden durch
„PINGUIN – die Sendung mit Frack",
jeden Sonntag morgens um 8.45 Uhr in SDR 1 aus Stuttgart.

Die Deutsche Bibliothek – CIP-Einheitsaufnahme
Jung, Reinhardt:
Das geheime Wissen der Pinguine / Reinhardt Jung. –
Wien : Jungbrunnen, 1993
ISBN 3-7026-5664-2

Einband und Illustrationen: Alena Schulz

© Copyright 1993 by Verlag Jungbrunnen Wien München
Alle Rechte vorbehalten – Printed in Austria
Druck und Bindung: M. Theiss, Wolfsberg

Die Schlüssel zum geheimen Wissen der Pinguine

Warum haben Giraffen so lange Hälse?	9
Warum ist Deutschland wiedervereinigt?	14
Warum fällt alles nach unten?	20
Warum gibt es auf dem Mond keine Menschen?	24
Warum sieht Italien aus wie ein Stiefel?	29
Warum ist die Milch weiß?	34
Warum ist der Wal so groß und so dick?	38
Warum heißt das Nest vom Adler genauso wie mein Onkel „Horst"?	43
Warum bekommen die Menschen manchmal eine Gänsehaut?	48
Warum kann der Kuckuck seinen Namen rufen?	53
Warum ist die Erde rund?	58

Warum kann man Gott nicht sehen?	62
Warum haben Frauen keine Bärte?	67
Warum steigt bei den Bäumen der Saft bis in die Blätter?	72
Warum gehen Krebse rückwärts?	77
Warum wächst die Kartoffel in der Erde?	82
Warum haben manche Kinder Sommersprossen?	87
Warum stinkt das Stinktier?	92
Warum trägt der Schornsteinfeger einen Zylinder?	98
Warum ist das Wasser naß?	104
Warum brennt die Brennessel?	109
Warum können Blinde nichts sehen?	114

Euer Gnaden, hier bin ich: Ihr Pinguin! Gestatten, daß ich mich vorstelle? Frack. Mein Name ist Frack. Alle Pinguine tragen einen Frack. Euer Gnaden wollen wissen, warum unsereins nicht Du zu Ihnen sagt? Nun – wir Pinguine glauben, daß jedes Kind zuerst als Prinzessin oder Prinz geboren wird. Und eine Prinzessin oder einen Prinzen redet unsereins mit Euer Gnaden an. Das ist Ehrensache und südpolmäßig so Brauch. Sie allerdings dürfen Du zu mir sagen!

Ich ahne, was Euer Gnaden jetzt durch den Kopf geht: Aber das geheime Wissen der Pinguine geht nicht ruck-zuck zu erzählen. Stellt Euch vor, Euer Gnaden, Hundert-tausende Pinguine, Frackträger wie ich, haben ebensoviele Polarnächte am Südpol versucht, das Wesen der Welt zu ergründen. Ist je ein Mensch gekommen, der uns danach gefragt hätte?

Die Menschen, die uns am Südpol besuchen, die fragen nicht, die fotografieren. Die sind schon sehr erwachsen. Die Kinder aber, mit ihren herrlich dummen Fragen, die dürfen nie zu uns aufs Eis. Dabei sind gerade die dümmsten Fragen der Schlüssel zum geheimen Wissen der Pinguine! Dimm-damm-dumm reimt sich auf warum. Nur Kinder trauen sich noch, wirklich dumme Fragen zu stellen. Ausgerechnet die dürfen nicht in die Antarktis. Angeblich, weil es dort zu kalt wäre. Papperlapapp! Oder waren Euer Gnaden schon einmal auf dem Südpol? Sehen Sie! Weil die Kinder aber nicht zu uns kommen, macht unsereins sich auf den Weg zu Ihnen. Heimlich. Denn es gehört zum geheimen Wissen der Pinguine, daß unsereins es versteht, auf Buchstaben zu reisen. Ein P ein I ein N ein G ein U ein I und ein N – schon sind wir da als PINGUIN! Dann warten wir auf dumme Fragen. Manchmal müssen wir lange warten. Viele Kinder trauen sich nicht, eine dumme, vielleicht sogar herrlich dumme Frage zu stellen. Obschon sie allesamt als Prinzessinnen und Prinzen geboren sind! Da könnten sie doch fragen, was sie wollen? Aber nein – sie schämen sich.

Und weil das leider so ist, muß unsereins den Kindern erstmal Mut machen. Mut zu dummen Fragen! Denn es gibt auch Kinder, die diesen Mut noch nicht verloren haben. Ihre Fragen stehen in diesem Buch. Ein ganzer Schlüsselbund zum geheimen Wissen der Pinguine!

Wenn Euer Gnaden am Ende des Buches selbst eine dumme, vielleicht sogar sehr dumme Frage haben – nur Mut!

Schreibt sie auf eine Postkarte und schickt sie an PINGUIN. Die Anschrift steht hinten im Buch. Und wer noch nicht schreiben kann, der fragt seine Mama oder den Papa oder die Oma oder den Opa oder oder oder... Die sollen Eure Fragen dann aufschreiben und abschicken. Aber bitte nur wirklich dumme Fragen!

1. Schlüssel zum geheimen Wissen der Pinguine

Cora Ophelia Heider, 7 Jahre alt:

Warum haben Giraffen so lange Hälse?

In Afrika, vor ewigen Zeiten, da hatten die Giraffen noch ganz normale Hälse. Kurzhalsgiraffen sozusagen. Ist wirklich schon lange her. Afrika und Australien hingen damals noch zusammen. Dieser uralte Kontinent, das war Gondwanaland.

Probleme gab es dort selten: Die Tiere lebten unter sich, der Mensch war noch nicht geschaffen. Nur die Kurzhalsgiraffen waren traurig.

Das hatte seinen Grund: Die Giraffen gingen nämlich trotz ihres kurzen Halses schon auf sehr hohen Beinen. Das sah irgendwie komisch aus, besonders beim Trinken am Wasserloch. Da mußten die Kurzhalsgiraffen sich knien, um mit der Zunge ans Wasser zu kommen. Zu hoch die Beine, zu kurz der Hals.

Die Affen kringelten sich vor Lachen. „Seht mal, da knien die Kurzhalsgiraffen wieder am Wasserloch! Die knien und beten ihr eigenes Spiegelbild an! Die sind nicht nur häßlich, die sind auch noch eitel! Sich selbst anzubeten beim Saufen!"

Ganz Gondwanaland lachte. Nur die Kurzhalsgiraffen nicht. Denn in den Wasserlöchern, da lauerten die Krokodile. Die warteten auf die Kurzhalsgiraffen. Auf kniende

Kurzhalsgiraffen: Denn auf Knien kann einer schlecht weglaufen. Auf Knien ist man hilflos.

Die Kurzhalsgiraffen wurden eine nach der anderen von den Krokodilen aufgefressen.

Wer nicht gefressen werden wollte, mußte aufrecht stehen bleiben.

Wer aufrecht stehen blieb, konnte nicht trinken.

Wer nicht trinken konnte, mußte verdursten.

Und das ist wirklich traurig.

Da blieb selbst den frechsten Affen die Schadenfreude im Halse stecken. Die Affen zeigten sogar Mitleid. Sie waren gute Clowns.

Sie brachten den Fall vor die Schöpfung.

Die Krokodile verteidigten sich: „Auch wir sind ein Teil der Schöpfung. Wir erfüllen nur unseren Auftrag."

Die Schöpfung gab ihnen recht.

Da murrten die anderen Tiere. Sie sagten: „Wenn das so weitergeht, dann sterben uns die Giraffen aus. Ihr Krokodile macht es euch zu bequem. Gondwanaland hat Platz für alle Geschöpfe. Warum nicht auch für die Kurzhalsgiraffen?"

Auch diesen Tieren und ihren Worten stimmte die Schöpfung zu. Danach schwieg sie voller Weisheit. Die Tiere sahen sich ratlos an. Eine betretene Stille entstand. Jetzt mußten sie selbst einen Ausweg suchen.

Da endlich trat ein Känguruh vor und bat bei der Schöpfung ums Wort. Es sagte: „Ich spreche für alle Känguruhs. Wir Beuteltiere sind uns einig. Wir wollen in unseren Beuteln den Kurzhalsgiraffen das Wasser reichen. Wir schöpfen es an der Wasserstelle und bringen es zu den

Giraffen. Dann brauchen diese sich zum Trinken nicht mehr niederzuknien. Wir wollen den Giraffen lebendige Tränke sein."

Da war die Gemeinschaft der Tiere erleichtert. Sogar die Affen fanden zu ihrer Frechheit zurück: „Ihr werdet bei euren Sprüngen die Hälfte des Wassers verschütten!"

„Dann laufen wir eben zweimal", antwortete das Känguruh.

Da freuten sich alle Tiere. Nur die Krokodile taten beleidigt.

So begann die Freundschaft zwischen Känguruhs und Kurzhalsgiraffen.

Die Schöpfung war einverstanden. Warum?

Weil sich kurz darauf der nächste Schritt ihres großen Planes erfüllte: Gondwanaland fiel auseinander.

Es war ein Erdbeben. Ein tiefer Spalt tat sich auf. Australien löste sich von Afrika und schwamm nach Süden davon. Afrika schob sich nach Norden. Zwischen Australien und Afrika füllte der Ozean die aufgerissene Tiefe aus.

Das wäre nicht weiter schlimm gewesen. Doch die Kurzhalsgiraffen standen auf Afrika und die Känguruhs auf Australien. Zwischen beiden aber wuchs das Meer. Da erschraken die Kurzhalsgiraffen.

„Lebt wohl!" riefen die Känguruhs von Australien herüber.

„Bleibt bei uns!" riefen die Giraffen von Afrika über das wachsende Meer.

„Vergeßt uns nicht!" riefen die Känguruhs. Dann wurden sie immer kleiner, je weiter sich Australien von Afrika entfernte.

Wie haben die Giraffen ihre Köpfe gereckt, um ihren Freunden nachzublicken. Höher und höher streckten sie ihre kurzen Hälse. Vergeblich. Australien tauchte langsam hinter den Horizont. Vor den Giraffen breitete sich die leere Weite des Ozeans.

Da weinten sie laut und riefen: „Wer wird uns jetzt das Wasser reichen? Wer wird uns zu trinken geben? Die Schöpfung liebt uns nicht! Wenn wir uns durstig niederknien, kommen die Krokodile. Wenn wir aber stehenbleiben, so müssen wir verdursten. Was haben wir dir, oh Schöpfung, getan, daß du so grausam zu uns bist?" Doch die Schöpfung schwieg voller Weisheit.

Die Zeit verstrich und die Kurzhalsgiraffen begannen Durst zu leiden. Aber sie tranken nicht. Sie blieben stehen. Sie fürchteten die Krokodile; den lauernden Tod im Wasser. Sie standen vor Angst wie gelähmt.

Als aber der Durst unerträglich wurde, trat die älteste der Giraffen vor und sagte: „Ich gehe jetzt. Ich gehe zum Wasser und knie mich hin. Wenn mich die Krokodile zerfleischen, nutzt ihr den Augenblick für euch. Geht zur Wasserstelle und trinkt! Die Krokodile sind abgelenkt. Beeilt euch und trinkt, so viel ihr könnt! Und kümmert euch nicht um mich. Ich habe mein Leben gelebt."

Ohne auf Antwort zu warten ging die alte Giraffe zum Wasserloch. Dort aber verließ sie aller Mut. Sie blieb stehen. Sie kniete sich nicht. Sie brachte das Opfer nicht über sich.

Unter sich sah sie das kühle Naß. Nahe und doch unerreichbar für einen kurzen Hals auf hohen Giraffenbeinen. Ja, sie hatte Angst.

Sie konnte das Wasser schon riechen. Da schloß die älteste der Giraffen müde ihre Augen. Langsam senkte sie den Kopf, schwer von durstigem Verlangen. Da spürte sie plötzlich süßes, klares Wasser an ihren Lippen.

Gleich gleiten die Krokodile heran, dachte die Giraffe. Sie hielt die Augen geschlossen und trank in tiefen Zügen. Aber sie kniete nicht dabei. Sie konnte im Stehen trinken! Die Giraffe fürchtete sich davor, die Augen zu öffnen und festzustellen, daß alles nur ein Traum sei.

Aber nein, das war kein Traum! Sie hatte, wie alle Giraffen bis auf den heutigen Tag, einen langen Hals bekommen.

Damals, als Gondwanaland auseinanderbrach. Als die Kurzhalsgiraffen von Sehnsucht erfüllt ihre Hälse reckten auf Afrika und sich streckten nach ihren treuesten Freunden, den Känguruhs auf Australien.

Die waren traurig. Sie vermißten ihre Freunde auf Afrika sehr. Am meisten aber betrübte es sie, daß sie ihr Versprechen, den Giraffen das Wasser zu reichen, von Australien aus nicht einhalten konnten.

Auf Australien gibt es keine Giraffen. Nur, das wußten die Känguruhs damals noch nicht. Darum setzten sie sich ihre Kinder in den Beutel am Bauch. Die sollten dort Ausguck halten nach kurzhalsigen, hochbeinigen und sehr, sehr durstigen Tieren.

Und käme eines vorbei, dann würden die Känguruhs ihm lebendige Tränke sein. Seitdem lugen die Känguruhkinder aus dem Beutel der Mutter heraus, selbst wenn diese hohe und allerweiteste Sprünge macht.

2. Schlüssel zum geheimen Wissen der Pinguine

Uta Schneider, 8 Jahre alt:

Warum ist Deutschland wiedervereinigt?

Das wurde in Rußland entschieden.
Ihr müßt wissen, es gab einmal eine Zeit, da ging ein Zaun quer durch Europa. Der war ganz aus Eisen und Stahl. Der konnte schießen und töten, wenn einer ihm nahekam. Der brachte viel Unheil über die Menschen und war doch von Menschenhand gebaut.
Das war, als die Könige abgeschafft waren. Allein der Zaunkönig hatte sich gehalten. Der empfand diesen tödlichen Zaun als beschämend. Darum sandte er seine vier Raben aus. Einen nach Westen, einen nach Osten, einen in die Zukunft und einen in die Vergangenheit. Die sollten ihm berichten, was es mit diesem tödlichen Zaun wohl auf sich haben könnte.
Die Raben flogen auf und davon, ein jeder in seine Richtung. Der Zaunkönig wartete auf seinem Baum. Er wartete einen Sommer, doch die Raben kehrten nicht zurück. Er wartete den zweiten, den dritten, den fünften Sommer – von den Raben keine Spur. Sieben mal sieben Sommer mußte der Zaunkönig warten, da endlich trafen zur selben Stunde alle vier Raben bei ihm ein.
Der aus dem Osten zurückgekehrt war, hielt sich mühsam auf seinem Zweig. Zerfleddert und dürr geworden,

stemmte er sich gegen den Wind, der ihn wie ein trockenes Blatt zurückgeweht hatte zu seinem König. Der aus dem Westen hingegen saß schnaufend auf einem starken Ast. Der Westrabe war so schwer geworden, daß ihn Schwingen und Beine kaum noch trugen. Den längsten Teil des Weges hatte er hüpfend auf dem Boden zurücklegen müssen.

Der aus der Vergangenheit kam, war im Gefieder ergraut. Der aus der Zukunft hingegen sah jünger aus als zuvor. Doch schielte er, denn über dem Schnabel weinte das eine Auge und das andere schien zu lachen. Da waren sie wieder beisammen und doch nicht mehr die, die sie vorher gewesen waren.

Zuerst berichtete der Rabe aus der Vergangenheit. *Er* war ja nun der Älteste.

„Mein Herr", begann er, „ich bin nicht weit geflogen und war doch sehr weit fort. Ich habe in einem Archiv sieben mal sieben Jahre des Zaunes Geschichte studiert und alle Geschichten darüber. Denn es gibt, werter König, so viele Vergangenheiten unter der Sonne, wie es Menschen gibt. Und nur, was allen Geschichten gemeinsam ist, darf sich Geschichte nennen. So hört nun die Geschichte vom Zaun: Der Westen gehört dem Adler. Der steht dort hoch in Ehren. Auf Wappen und Münzen, auf Fahnen gar sah ich ihn abgebildet. Die unter dem Adler dienen, erzählen von einem Krieg. Den haben ihre Väter und Großväter begonnen und in alle Welt getragen. Drum heißt dieser Krieg auch ‚Weltkrieg' – obwohl es ein Adlerkrieg war. Die Adler haben ihn angefangen. Sie haben ihn auch verloren. Der Krieg war vorbei. Die Schrecken blieben. Besonders bei den

Bärenvölkern. Die hatten von allen Völkern das größte Leid erlitten. Darum haben sie aus Angst vor den Adlern diesen Zaun errichtet. Zwar hatte der Rest der Welt dem Adler die Flügel gestutzt. Doch man weiß ja, Federn wachsen nach.

Am Anfang also sollte der Zaun die Bärenvölker beschützen. Die fürchteten sich vor dem Adler und der Schatten des Krieges reichte tief in die Herzen der Bärenvölker. Sie lebten in ständiger Angst vor dem Adler, der ihnen die Kinder geschlagen hatte. Doch Angst ist ein schlechter Ratgeber: Hunger und Teuerung überzogen die Bärenvölker, obwohl sie den Krieg gewonnen hatten.

Reichtum und Wohlstand aber kamen über die Adlermänner: Zum einen erhielten sie Hilfe vom Seeadler aus dem fernen Westen. Adler bleibt Adler, lieber König. Zum anderen lernten sie wieder das Fliegen, obwohl es verboten war. Sie flogen auf dem Rücken des Seeadlers mit. So kamen sie hoch hinaus. Nur die Bären blieben am Boden. Das empfanden besonders die jungen Bären als Ungerechtigkeit. Immer ganz unten sein zu müssen und niemals weiterzukommen im Leben als bis an diesen Zaun?

Verdutzt mußten sie erkennen, daß der tödliche Zaun ihnen zum Gefängnis geworden war. Denn die Adler flogen drüber hin und die Bären blieben drin hängen. Viele der Bärenkinder suchten den Zaun zu überwinden. Sie wurden von ihm getötet. Dann erhoben die Adler ihre gellenden Schreie. Den Zaun aber ließen sie unangetastet. Es waren ja ‚nur‘ die Bären, die darin hängenblieben. Soweit die Geschichte des Zaunes aus allen Geschichten, die ich studiert habe.“

Der Zaunkönig dankte seinem Boten aus der Vergangenheit. „Nun, Rabe, der du im Westen warst, was hast du herausgefunden?"

Der Rabe aus dem Westen verneigte sich und krächzte: „Mein Bruder aus der Vergangenheit hat recht gesprochen. Die zum Adler gehören, haben den Zaun nicht gebaut, doch sie reißen ihn auch nicht nieder. Sie sagen sich, laßt den Zaun wie er ist! Sonst kommen die hungrigen Bären. So viel Hunger können selbst die Adlervölker nicht ernähren."

Da dankte der Zaunkönig seinem Raben und sprach zu dem Kundschafter aus dem Osten: „Nun, Rabe, der du im Osten warst, wie lautet dein Bericht?"

Der Rabe aus dem Osten verneigte sich und krächzte: „Meine Brüder haben recht gesprochen. Es stimmt, die zum Bären gehören, haben den Zaun zwar errichtet, doch richtet der Zaun sich nun gegen sie. Nur Vögel können ihn überwinden."

Da dankte der Zaunkönig für diese Botschaft und bat den Raben zu sprechen, der aus der Zukunft zurückgekehrt war.

Der verneigte sich und krächzte:

„Meine Brüder haben recht gesprochen. Doch, wie Ihr seht, lieber König, habe ich einen geteilten Blick. Was ich in der Zukunft schaute, das bringe ich meinem König in einem lachenden und einem weinenden Auge zurück. Das lachende Auge schaute eine Zukunft ohne den tödlichen Zaun. Das weinende Auge schaute eine Zukunft der Tränen, der Not und des Bruderzwistes dort, wo das lachende Auge so froh geworden ist. Drum schiele ich, lieber Zaunkönig, um die Freude und die Trauer über diese Zukunft auseinanderzuhalten."

Da dankte der Zaunkönig seinen Boten für ihre kluge Kundschaft und wollte alleingelassen werden. Er dachte lange nach.

Schließlich wußte er, was zu tun war. Er stieg in den Himmel auf und flog nach Osten über den Zaun. So lange flog er, bis er die Stadt der gezwiebelten Türme und Kirchen erreichte. Dort ließ er sich nieder auf den Mauern einer mächtigen roten Burg. Er begann zu tirilieren. Als das drinnen die Herren der Burg vernahmen, überkam sie große Lust, ein wenig Frühling zu schöpfen. Sie machten eine Pause und ergingen sich im Garten. Der Zaunkönig auf der Mauer sang. Er wartete auf den mächtigsten der Mächtigen aus der Burg.

Als dieser endlich heraustrat, handelte der kleine Vogel augenblicklich. Er schiß dem Mann auf den Kopf.

Der wischte sich verdutzt die Stirn. Doch der Fleck vom Zaunkönig blieb. Er war das äußere Zeichen einer Idee, die nach innen drang: Der tödliche Zaun muß weg! Das war die Botschaft des Liedes, das der Zaunkönig von der roten Burgmauer sang.

So kam es, daß der stählerne Zaun eingerissen wurde von einem Mann, dem der Zaunkönig diese Idee aufs blanke Haupt hatte fallen lassen. Wer's nicht glaubt, sehe nach! Der Fleck ist noch da. Doch der Mann, der ihn trägt, weiß nichts davon, daß dies der Zaunkönig war.

Der war längst zurückgeflogen. Erfreut vernahmen die Raben, daß ihr kleiner König die Botschaft des lachenden Auges erfüllt hatte.

Mehr stand nicht in seiner Macht. Denn die Botschaft des weinenden Auges wollte und konnte er nicht erfüllen. Eine

Veränderung der Zukunft war nach dem Plan der Schöpfung allein den Menschen vorbehalten.

3. Schlüssel zum geheimen Wissen der Pinguine

Ulrike Stoltz, 7 Jahre alt:

Warum fällt alles nach unten?

Das war vor ewig langer Zeit, als die Sterne sich noch unterhielten. Ihre Zwiesprache war Klang. Dieser Klang erfüllte das All. Einmal aber verstummten die Sterne – ein Staunen ging durch die himmlischen Sphären: Die Schöpfung hatte mitten im Weltall einen blauen Planeten aufgehen lassen. Dieses blaue Juwel war die Erde. Als die Sterne voll Bewunderung schwiegen, jauchzte die Schöpfung! Sie jubelte wie ein kleines Kind, denn die Erde war im Spiel entstanden – im Spiel der Möglichkeiten. Die Schöpfung war so versunken in dieses Spiel, daß sie Zeit und Raum vergaß.

Immer wieder brachte sie neue Möglichkeiten hervor. Winzige, allerkleinste Geschöpfe und riesige Tiere. Manches wuchs. Vieles verging. Einige Lebewesen behaupteten sich. Alles aber ward mit der Gabe der Leichtigkeit belohnt – des Werdens wie des Vergehens. Die Schöpfung wollte in ihrem Spiel keinem Geschöpf auf Erden das Leben oder das Sterben als Last aufladen. Alles blieb in der Schwebe. Vieles flog sogar davon! Übermütig hatte die Schöpfung der Erde einen Schubs gegeben. Seitdem dreht sich die Weltkugel. Sie drehte sich unter den Geschöpfen fort. So konnte sich alles Leben über die ganze Erde verbreiten. Aber die Leichtigkeit, mit der die Schöpfung all ihre Möglichkeiten belohnte, erwies sich auch als Hindernis: Manche flogen ins Weltall davon. Dort trudelten Schweine, schwebten Kühe, flogen Pferde und Ziegen herum. Wer nicht hinausgeschleudert werden wollte, suchte einen Halt. Manche entwickelten dabei lange Fingernägel. Damit krallten sie sich fest. Andere entwickelten Finger und umklammerten einen Ast. Manche machten sich schwer – die Saurier, die Wale, die Elefanten. Dann wieder gab es Lebewesen, die entwikkelten einen Greifschwanz, um sich auf der Erde festzuhalten und nicht ins All hinauszufliegen.

Die Vögel flogen verkehrtherum, mit dem Bauch nach oben. Nur so konnten sie sicher sein, nicht ins Weltall zu flattern. Manche Vögel machten sich schwer; der Strauß und der Pinguin verzichteten sogar ganz aufs Fliegen. Andere Lebewesen schufen sich Saugnäpfe, wie der Tintenfisch. Die hafteten an glatten Steinen. Die Pflanzen ließen sich Wurzeln wachsen und klammerten sich an die Erde. Die Fische, die neugierig waren, flogen aus dem Meer heraus und wedelten dann mit ihren Flossen, um wieder zurückzugelangen. Seitdem gibt es fliegende Fische.

Selbst die Menschen flogen davon. Sie hatten ja kein Gewicht. Auch ihnen war das Geschenk der Leichtigkeit des Werdens und des Vergehens gegeben. Die Schöpfung jubelte: Im Spiel der Möglichkeiten gab es immer wieder neue und vielfältigere Formen des Lebens. Manches wuchs. Vieles verging. Einiges blieb.

Doch dann beschwerten sich die Menschen. „Liebe Schöpfung", sagten sie, „nimm uns die Leichtigkeit des Seins. Zu viele haben keinen Halt. Die fliegen uns davon. Die sind verloren. Wir haben Angst. Bitte, verleihe uns Gewicht!"

Die Schöpfung wunderte sich. Sie sprach: „Wenn ich Euch Gewicht verleihe, dann müßt ihr eure Last selber tragen. Die Last des Werdens genauso wie die Last des Vergehens. Warum wollt ihr aus meinem Spiel der Möglichkeiten den Ernst der Unmöglichkeit auswählen?"

Und die Menschen sagten: „Wenn wir immer den Boden unter den Füßen verlieren, dann sind wir ohne Anfang und ohne Ende. Wir wissen nicht, wo und wer wir sind. Bitte, gib uns Gewicht!"

„Wie wollt ihr diese Last ertragen?" fragte die Schöpfung.

Und die Menschen antworteten: „Einer trage des anderen Last. Dann ist alles gerecht verteilt. Und über diese geteilte Last wollen wir die Freude am Leben nicht vergessen. Und wenn wir glücklich sind, dann wollen wir uns erinnern an die Zeit, als uns die Gabe der Leichtigkeit über das Werden und das Vergehen verliehen war."

Da erbarmte sich die Schöpfung. Sie schickte alle Geschöpfe in einen tiefen Schlaf. Sie dachte lange nach. Wie könnte sie den Menschen Gewicht verleihen und alle anderen Lebewesen von dieser Last verschonen?

Als die Schöpfung nachdachte, stand alles still: Das Werden wie das Vergehen, das Leben wie das Sterben. Nichts war bewegt. Und doch wurde alles anders. Die Schöpfung besann sich auf die Kraft der Sonne. Die hielt die Planeten im Weltall beisammen. Die Schöpfung nahm von der Kraft der Sonne und setzte sie in die Erde ein wie einen Stab. Als Weltachse schob sie die Kraft der Sonne durch die Mitte der Erdkugel. Dieser Stab war ein glutheißer Magnet.

Dort, wo die Kraft der Sonne als Weltachse aus der Erdkugel ragte, herrschte vulkanische Glut. Darum legte die Schöpfung Eisberge über den Nordpol und den Südpol, um die Geschöpfe vor dieser Glut zu schützen. Dann weckte sie das Leben aus seinem tiefen Schlaf.

Und plötzlich hatten die Menschen Gewicht. Sie wurden von der Erde angezogen. Die Fische fielen ins Meer zurück. Die Vögel mußten nun flattern, um in den Himmel zu kommen. Die Saurier brachen zusammen unter ihrem eigenen Gewicht. Die Wale zogen sich ins Meer zurück. Das Wasser sollte sie tragen helfen. Nichts flog mehr ins Weltall hinaus. Alles fiel von oben nach unten.

Die Schöpfung betrachtete ihr Werk und sah, daß es gut war. Die Menschen aber waren dennoch unzufrieden. Sie hatten nun Gewicht. Doch stöhnten sie unter ihrer Last des Werdens und Vergehens. Sie hielten sich nicht an ihr Versprechen, daß einer des anderen Last tragen wollte. Sie sehnten sich zurück in die Zeit der Leichtigkeit des Seins. Diese Zeit nannten sie das Paradies. Da wurde die Schöpfung traurig über die ewige Unzufriedenheit des Menschen. Nur über die Kinder freute sie sich. Denn allein die Kinder haben sich die kostbare Gabe erhalten, im Spiel die Welt neu zu erfinden. Und immer, wenn ein Kind im Spiel versunken lächelt, genießt es für einen winzigen Augenblick die Leichtigkeit des Seins. Dann kann es sogar geschehen, daß das Kind in seinen Gedanken hinaus in den Weltraum fliegt, um den Klängen der Sterne zu lauschen.

4. Schlüssel zum geheimen Wissen der Pinguine

Eva Marie Noller, 7 Jahre alt:

Warum gibt es auf dem Mond keine Menschen?

Es wäre leicht, zu sagen, es gibt auf dem Mond keine Menschen, weil alle hier auf der Erde wohnen. Aber das ist noch keine Geschichte. Von alters her nämlich sind die Menschen von einer tiefen Sehnsucht nach dem Mond erfüllt. Wer jemals im Leben den Mond sehen durfte, trägt diese Sehnsucht in sich.

Einer von denen lebte in Finnland als Fischer an einem See. Wenn der abends vor seiner Hütte auf dem Bootssteg saß und die Netze flickte, sah er oft den Mond aus dem See aufsteigen. Dann unterbrach er seine Arbeit, sah dem Mond zu und staunte. Wenn der Mond hoch oben am Nachthimmel glänzte, nahm der Fischer sich jedesmal vor, einmal mit dem Boot hinauszufahren zu der Stelle, wo der Mond aus dem See auftauchte. Dann wollte er den Mond besteigen und mit ihm auf Nachtfahrt gehen!

Doch so sehr der Fischer auch ruderte – nie erreichte er rechtzeitig jene Stelle im See, aus der der Mond aufstieg!

Ein anderer lebte einmal als Bauer in Afrika. Der hatte erkannt, daß sich der Mond jeden Abend im Fluß badete, bevor er ganz hoch am Himmel stand. Da versteckte sich der Bauer eines Abends im Schilf am Ufer des Flusses. Er wartete auf den Mond.

Wenn der Mond erst im Fluß erschiene, wollte er sich auf ihn werfen und dann hinauf zu den Sternen reiten. Tatsächlich erschien mit silbernem Glanz der Mond in den Wellen des Flusses. Der Bauer hielt den Atem an. Als der Mond voll und rund in den Wellen tanzte, sprang der Bauer aus seinem Versteck und warf sich in den Fluß auf den badenden Mond. Doch der war geschmeidig ausgewichen und hinauf an den Himmel gesprungen. Der Bauer hielt nichts in seinen Händen. Ihm blieb nur seine nächtliche Sehnsucht. Die Sehnsucht nach dem Mond.

Diese Sehnsucht gibt es auch bei uns. Und in Frankreich ebenso. In Paris lebte einmal ein Glöckner im Kirchturm von Notre Dame. Wenn der abends die Glocken läutete, stieg der Mond über die Dächer der Stadt. Da glaubte der Glöckner von Notre Dame, daß *er* mit *seinen* Glocken den Mond herbeiläutete! Um nun ganz sicher zu gehen, ob der Mond tatsächlich auf sein Läuten hörte, stellte der Glöckner sich einmal krank. Auf Notre Dame schwiegen die Abendglocken. Und tatsächlich: Der Mond blieb aus! Zwar behaupteten einige Spötter, der Glöckner von Notre Dame hätte just zu Neumond *nicht* geläutet. Der Glöckner aber war sich sicher, daß er mit seinem Läuten den Mond rufen konnte oder aber anhalten.

Als wieder einmal Vollmond war, stieg der Glöckner hinauf auf seinen Turm und läutete die Glocken. Da stand der Mond still am Himmel. Er stand genau auf der Spitze des höchsten Turmes der Kirche. Dort hinauf stieg nun der Glöckner. Endlich konnte er auf den Mond gelangen! Doch als der Glöckner den höchsten Turm von Notre Dame erklommen hatte und seine Hand nach dem Mond aus-

25

streckte, stand dieser so viel höher, daß er unerreichbar blieb.

Seufzend trat der Glöckner von Notre Dame den Abstieg an. Dann läutete er die Glocken ein zweites Mal und der Mond zog ruhig seiner Bahn. Auch diesem Mann war es nicht gelungen, seine Sehnsucht nach dem Mond zu stillen. Man erklärte ihn für verrückt, als man hörte, daß er mitten in der Nacht zweimal die Glocken geläutet hatte. Der Glöckner von Notre Dame aber schwieg.

Jetzt kennen wir schon drei Menschen, die nie auf den Mond gelangten. Der vierte lebte einmal in Amerika. Der war ein berühmter Cowboy und Lassowerfer. Der wartete ab, bis der Mond nur noch eine dünne Sichel war. Er sagte sich: Wenn ich es schaffe, den Kühen das Lasso über die Hörner zu werfen, dann will ich die Hörner des Mondes ebenso einfangen! Dann warf er sein Lasso aus. Vergeblich. Denn bis das Lasso den weiten Weg von der Erde zum Mond hinaufgeschwirrt war, vergingen fast 20 Tage. Da war der Mond wieder voll und rund und das Lasso glitt an ihm ab.

So hat schon mancher versucht, als Mensch auf den Mond zu gelangen. Die einen wollten den Mond im Schmetterlingsnetz einfangen. Die anderen wollten dem Mond auf den höchsten Gipfeln der Welt auflauern. Einige banden Leitern aneinander, um zum Mond hinaufzusteigen. Alles vergeblich, wie wir wissen. Es hat schon Menschen gegeben, die dachten, der Mond hätte sich in den Ästen eines Baumes verfangen. Dann kletterten sie in die Bäume hinein, um endlich den Mond zu betreten. Andere sprangen Trampolin, um bis zum Mond zu kommen. Einer hatte sogar ein kleines Spiegelkästchen. Als sich der Mond darin spiegelte, schloß er das Kästchen und fing ihn ein. Jubelnd rannte er nach Hause. Doch dort war sein Spiegelkästchen leer. Der Mond stand da, wo er immer stand: Hoch oben am nächtlichen Himmel.

So könnten wir jetzt sagen: Es gibt auf dem Mond keine Menschen, weil es noch keinem gelungen ist, den Mond tatsächlich zu betreten.

Doch *das* wäre *falsch:*

Zwei Menschen haben im Jahre 1969 wirklich den Mond betreten. Das waren zwei amerikanische Weltraumfahrer. Die Astronauten Neil Armstrong und Edwin Aldrin waren die ersten Menschen, die den Mond besucht haben. Die waren mit einer Rakete hinaufgeflogen. Mit einem Raumschiff haben sie sich von der Rakete getrennt und sind auf dem Mond gelandet. Sie sahen, daß der Mond wüst war und leer. Es gibt dort kein Leben. Es gibt keine Luft. Darum trugen die beiden Astronauten Raumanzüge. In denen ist Atemluft eingebaut. Als sich diese beiden Menschen auf dem Mond umdrehten, um hinunter zur Erde zu schauen, erkannten sie endlich den wahren Grund dafür, warum der Mond unbewohnt ist: Sie sahen die Erde unter sich als strahlend blaue Kugel. Die war von so einzigartiger Schönheit, daß kein Stern am Himmel ihr gleichkam. Da wußten die beiden Astronauten, daß der Mond nur dazu da ist, daß die Menschen die Erde lieben lernen. Der Mond ist leer und wüst. Er ist nur die Lampe, die diese einmalige Schönheit der Erde nachts mit dem Licht der Sehnsucht beleuchtet. Der Mond ist von Menschen unbewohnt, weil

die Erde das Kostbarste ist, das die Schöpfung ihren Geschöpfen, den Menschen, jemals anvertraut hat.
Als die beiden Weltraumfahrer dies für sich erkannt hatten, kehrten sie auf die Erde zurück. Seitdem gibt es auf dem Mond keine Menschen mehr.
Würde aber jeder Mensch, der auf der Erde Sehnsucht hat nach dem Mond, einmal den Mond betreten können, vielleicht wäre die Sehnsucht nach der Erde dann groß genug, daß die Menschen auf Erden endlich erkennen würden, wie großartig das Geschenk der Schöpfung ist, das sie bewohnen dürfen.

5. Schlüssel zum geheimen Wissen der Pinguine

Melanie Lenz, 9 Jahre alt:

Warum sieht Italien aus wie ein Stiefel?

Ach, Euer Gnaden, dieses Rätsel erscheint nun doch zu schwer, als daß ein Pinguin es lösen könnte. Sehen Sie, wir Pinguine haben uns eine prima Ausrede zurechtgelegt: Wir sagen nicht, daß Italien aussieht wie ein Stiefel. Wir sagen: Ein Stiefel sieht aus wie Italien. Tatsächlich kommen aus Italien ja sehr elegante Stiefel und Schuhe! Die Frage wäre dann: Warum sieht jeder Stiefel aus wie Italien? Wie Italien von hoch oben aus der Luft betrachtet? Wer aber könnte das erkennen? Vielleicht die Schwalben, wenn sie im Spätsommer über die Alpen und Italien hinweg bis nach Afrika fliegen? Oder die Störche? Oder die Kraniche? Nur – was haben Kraniche, Störche und Schwalben mit Stiefeln zu schaffen? Wo sie doch selbst unbestiefelt stolzieren und fliegen? Warum sollten diese Zugvögel die Gestalt Italiens ausgerechnet für einen Stiefel halten? Ist das Schwälbisch? Ist das Storchisch? Ist das kranichliches Denken? Nein. Der Storch, der Kranich und die Schwalbe behaupten in der Tat auch etwas völlig anderes: Der Storch zum Beispiel sagt, Italien aus der Luft betrachtet sieht aus wie ein Krokodil, das auf einem Baumstumpf sitzt.

Der Kranich und die Schwalbe sagen: Italien aus der Luft betrachtet sieht aus wie ein Gänsegeier, der auf einem Baumstumpf sitzt. Einen Flügel reckt er und mit seinem krummen Schnabel hackt er nach der Insel Sizilien.

Euer Gnaden brauchen jetzt bloß den Atlas auf den Kopf zu stellen und Sie werden sowohl das Krokodil als auch den Gänsegeier erkennen!

Nun ja, ich weiß, Euer Gnaden wollen trotzdem hören, warum Italien aus der Luft betrachtet aussieht wie ein Stiefel? Genauer gesagt: Wie ein Riesenstiefel.

Hier nämlich liegt des Rätsels Lösung. Beim Kampf der Giganten und Titanen gegen die Schöpfung. Überall am Mittelmeer erzählt man sich noch heute vom Aufstand dieser Riesen gegen die Elemente. Das Urgeschlecht der Riesen, darin sind sich alle einig, wollte einst die Welt beherrschen.

Sie kämpften gegen das Feuer. Da wehrte sich die Schöpfung mit gewaltigen Vulkanausbrüchen. So entstanden der Ätna, der Stromboli, der Vesuv. Aber auch der Kaiserstuhl, der Vogelsberg, die Eifel und der Hegau. Alles Vulkane.

Die Riesen kämpften gegen das Wasser. Da wehrte sich die Schöpfung mit der Sintflut und überschwemmte alles Land. So entstanden die Ozeane.

Doch die Riesen gaben nicht auf:

Sie kämpften gegen die Lüfte. Da wehrte sich die Schöpfung mit gewaltigen Stürmen und Orkanen. So entstanden die Winde.

Doch die Riesen ließen nicht locker:

Sie kämpften gegen die Erde. Da wehrte sich die Schöpfung und machte die Erde hart. So entstanden die Felsen.

Doch die Ackerkrume, das Weideland und der fruchtbare
Mutterboden blieben weich. Denn nur die Weichheit bringt
Nahrung und neues Leben hervor. Da legte die Schöpfung einen gewaltigen Frost über die
Länder Europas. Die erste Eiszeit zog herauf. Alles Land
erstarrte. Selbst der weichste Humus wurde unter dieser
klirrenden Kälte hart wie Kristall. Mächtige Gletscher
türmten sich vom Nordpol bis nach Italien.
Da erschraken die Riesen. Sie begannen selbst zu frieren
unter dieser Kälte. So beschlossen sie eine letzte, wahrhaft
gigantische Anstrengung: Sie mußten den Eismantel Europas sprengen!
Sie stemmten sich mit ihren Füßen gegen den afrikanischen
Kontinent. Sie drückten gegenüber mit ihren Händen gegen
den Rand Europas. Die Erde bebte. Die Kontinente gerie-
ten in Bewegung. Doch die Riesen zerschnitten sich die
Füße an den harten Klippen Marokkos, an den salzigen
Krusten Algeriens. Darum – und nur darum – zogen sich
die Giganten feste Stiefel an. Gigantische Stiefel! Sie verkeil-
ten sich mit den Absätzen in den Felsenschluchten Afrikas.
Sie preßten mit ihren Händen gegen die Ränder Europas.
Sie wollten das Eis des Nordens brechen.
Unter dem Druck der Riesenstiefel türmte sich in Afrika
das Atlasgebirge auf. Unter der Kraft der Riesenhände
schoben sich in Europa die Alpen in die Höhe.
Ihre Gletscher barsten. Gewaltige Eismassen wurden ange-
hoben, zerbrachen und stürzten zu Tal. Die Erde stemmte
sich dagegen. Sie schien den Kampf zu verlieren.
Da riet ihr die Schöpfung zu einer List:
Gerade, als sich die Giganten wieder mit aller Kraft zwi-

schen Afrika und Europa verkeilt hatten, gab die Erde plötzlich nach.

Ein Riß brach auf zwischen Marokko und Spanien. Die Meeresenge von Gibraltar öffnete sich. Der atlantische Ozean stürzte in das Becken des Mittelmeeres. Die Riesen riß es in die feuchte Tiefe. Der Atlantik füllte das Mittelmeer. Die Giganten und die Titanen, dieses Urgeschlecht der Riesen, wurden von den Untiefen des überfluteten Mittelmeeres verschlungen.

Die Erde atmete auf.

Die Schöpfung war erleichtert. Nur ein Stiefel des mächtigsten der Giganten trieb noch in den schäumenden Fluten. Als die tosenden Wasser sich beruhigten, hing der Stiefel fest: Mit dem Schaft an den Alpen, mit dem Absatz und der Spitze an dem größten Vulkan Europas, dem Ätna auf Sizilien. Da riet die Schöpfung der Erde, den Stiefel dort zu belassen, wo er war. Zum Andenken an den Kampf der Giganten gegen die Erde.

Noch heute stemmt sich dieser Stiefel von den Alpen aus der Küste Afrikas entgegen. Noch heute erzählt man sich in Italien, die Riesen hätten das Massiv der Alpen aufgetürmt. Noch heute weiß man in Afrika, daß es Giganten gewesen sind, die das Atlasgebirge aufgeworfen haben und zu mächtigen Falten zusammengeschoben.

Deshalb, Euer Gnaden, sieht Italien, aus der Luft betrachtet, aus wie ein riesiger Stiefel. Doch wenn es den Störchen nach geht, ist Italien ein Krokodil auf einem Baumstumpf. Und wer auf die Kraniche hört und auf die Schwalben, erfährt, daß Italien aussieht wie ein Gänsegeier, der auf einem Baumstumpf sitzt und nach der Insel Sizilien hackt.

Es gibt aber, mit Verlaub gesagt, noch eine andere Antwort, Euer Gnaden, auf die Frage, warum Italien aus der Luft betrachtet aussieht wie ein Stiefel. Weil die, die Italien aus der Luft betrachtet haben, Soldaten und Söldner waren. Und die sehen überall Stiefel. Den Geier als Boten des Todes vermögen sie nicht zu erkennen. Auch nicht das Krokodil. Sie sehen überall Stiefel und träumen dann vom Marschieren: Vom Einmarschieren, vom Vormarsch, vom Aufmarsch – doch niemals vom Abmarsch oder gar vom Trauermarsch...

6. Schlüssel zum geheimen Wissen der Pinguine

Otto Lutz, 6 Jahre alt:

Warum ist die Milch weiß?

Tatsache ist, Euer Gnaden, daß die meisten Menschen gerne Milch trinken. Tatsache ist aber auch, daß manche die Kuhmilch nicht vertragen. Dann trinken sie Ziegenmilch, Schafsmilch oder Stutenmilch. Am besten aber ist die Muttermilch, denn die hält die Babys und Kinder gesund!
Nun fällt aber auf, daß die Menschen sehr unterschiedlich sind, auch die Schafe, die Ziegen, die Kühe und die Stuten – und trotzdem ist ihre Milch weiß.
Die Wissenschaftler behaupten nüchtern, die Milch ist weiß, weil sie zu großen Teilen aus Butter besteht und aus Eiweiß und nicht Eigelb.
Mit Verlaub, Euer Gnaden, das ist wieder eine sehr faule Antwort, denn daß die Milch weiß ist und woraus sie besteht, das wissen wir auch. Warum sie aber weiß ist, das interessiert uns mehr als ihre Bestandteile.
Die Antwort führt uns zurück auf einen uralten Streit. Das war damals, als die Schöpfung von allen Lebewesen ein erstes Paar geschaffen hatte. Ein erstes Paar von jeder Gattung und jeder Art.
Von den Menschen gab es vier Paare.
Das eine Paar hatte rote Haut und sollte Süd- und Nordamerika bevölkern. Das waren die Ureltern der Indianer.

Das zweite Paar hatte tiefbraune Haut und sollte in Afrika den Anfang der Menschen begründen.

Das waren die ersten Afrikaner.

Das dritte Paar hatte gelbe Haut und sollte Asien besiedeln.

Das waren die ersten Asiaten.

Das letzte Paar hatte rosa Haut und sollte in Europa wohnen. Das waren die ersten Europäer.

Alle Paare von jeder Gattung und jeder Art sollten nun wählen, auf welche Weise ihre Kinder auf die Welt kommen sollten und was ihre erste Nahrung sein sollte.

Die Vögel und auch wir Pinguine wählten das Ei. Es ist kaum zu übertreffen, was die Sicherheit und die Festigkeit angeht. Außerdem kann man in das Ei alles hineinpacken, was der Nachwuchs so braucht, bis er ausgebrütet ist. Danach schlüpfen die Jungen und essen, was die Großen auch essen.

Die Säugetiere als Gattung, und demnach auch die Menschen, entschieden sich dafür, ihre Kinder im Bauch der Mutter heranwachsen zu lassen und sie nach der Geburt mit Milch zu versorgen. Soweit war alles klar.

Doch dann brach unter den Menschen ein heftiger Streit aus: Sie wollten nicht nur über die Milch an sich sondern auch über deren Farbe bestimmen. Die rosa Menschen mit den blonden Haaren wollten rosa Milch für ihre Kinder. Die roten Menschen mit den schwarzen Haaren wollten rote Milch für ihre Kinder. Die gelben Menschen mit den blauschwarzen Haaren wollten gelbe Milch für ihre Kinder. Und die tiefbraunen Menschen mit den krausen Haaren wollten braune Milch für ihre Kinder! Sie schrien durcheinander und verlangten Milch in allen Hautfarben.

Wenn Sie meine persönliche Meinung hören wollen, Euer Gnaden, so sage ich: Hätten die Menschen sich für das Ei entschieden, so wäre dieser dumme Streit erst gar nicht möglich gewesen.

Die Kühe machten „Muuuuuuh!" und schüttelten die Köpfe über die Eitelkeit der Menschen. Da wurde es der Schöpfung zu bunt. Sie rief „Ruhe!" und es ward Ruhe. Dann sprach die Schöpfung zu den Menschen: „Was soll dieser Streit, diese Eitelkeit? Ich habe euch nicht verschieden gemacht, damit anstelle der Vielfalt eine neue Einfalt wächst! Womöglich fordern die Sommersprossigen jetzt sommersprossige Milch und die Dicken fordern Dickmilch? Habt ihr euch schon einmal Gedanken gemacht, wie die Milch beschaffen sein soll, wenn der Vater des Kindes ein tiefbrauner ist und die Mutter von rosafarbener Haut? Fordert ihr Zebramilch? Und wenn die Völker sich vermischen und die höchste Vielfalt der Menschheit entsteht, soll die Milch dann etwa grau sein?"

Da schwiegen die ersten Menschenpaare und schämten sich. Die Schöpfung aber sagte: „Setzt euch zusammen und einigt euch über die Farbe der Milch. Und kommt mir nicht eher unter die Augen, als bis ihr einen gemeinsamen Vorschlag habt! Wozu habe ich euch Verstand gegeben, wenn ihr ihn nicht benutzt?"

Da hockten die ersten Menschenpaare trotzig in einer Ecke und schwiegen sich gegenseitig an.

Die Rosafarbenen dachten: Rosa!

Die Roten dachten: Rot!

Die Braunen dachten: Braun!

Und die Gelben dachten: Gelb!

Als die Schöpfung diese Dickköpfe sah, dachte sie: Ich will sie auf meine Weise belohnen. Die Milch soll aus allen Farben bestehen, die unter dem Himmel sind! Und als die Menschenpaare genug geschwiegen hatten, rief die Schöpfung sie wieder zu sich. „Nun, habt ihr euch entschieden?" Die Menschen senkten die Köpfe.

„Also nicht", sagte die Schöpfung. „Und weil ihr euch nicht entscheiden wollt und jeder auf seiner Farbe beharrt, habe ich für euch entschieden: Die Milch für eure Kinder sei weiß! Denn nur im strahlenden Weiß sind alle Farben zwischen Himmel und Erde eingefangen."

Seitdem ist die Milch weiß.

Auch die Kuhmilch ist weiß. Obwohl es doch braune, schwarzbunte und neuerdings auch lila Kühe gibt. Aber die Kühe hatten sowieso niemals Probleme oder Streit über die Farbe der Milch.

Bevor die Schöpfung dann die ersten Menschenpaare hinausschickte in die Welt, wo sie ihren Platz einnehmen sollten, sagte sie: „Niemals wieder soll ein Mensch auf seiner Farbe beharren! Seid bunt und mehret euch! Damit die Vielfalt der Menschen ihre Einfalt überwiegt."

Da gingen die Menschenpaare sehr nachdenklich davon – die roten nach Süd- und Nordamerika, die gelben nach Asien, die tiefbraunen nach Afrika und die rosafarbenen nach Europa.

Die Milch, die ihre Kinder trinken, ist aber überall auf der Welt von einem sahnig strahlenden Weiß.

7. Schlüssel zum geheimen Wissen der Pinguine

Franziska Minnich, 7 Jahre alt:

Warum ist der Wal so groß und so dick?

Ach, Euer Gnaden, bei dieser Frage bekomme ich Heimweh nach dem Polarmeer, dem Eis des Südpols, der Weite der antarktischen See!

Wie oft habe ich am Rand des Packeises gestanden und dem Gesang der Wale gelauscht! War das ein Schauspiel, wenn einer dieser Meeresriesen die Wellen durchbrach und hinaufschnellte über die Wogen, um elegant wieder einzutauchen!

Stets ging dann ein Staunen durch unsere Pinguinkolonie: Wie können so gewaltige Tiere so friedfertig sein und so verspielt? So groß und so dick und dabei doch in ihren Bewegungen so elegant und fließend? Die größten Wale, Euer Gnaden, werden fast vierzig Meter lang und wiegen viele hundert Tonnen!

Ein Geheimnis umgibt diese massigen Tiere. Ein Geheimnis, das sie verbergen in den Tiefen des Ozeans.

Sie sind keine Vögel wie wir. Und doch scheinen sie im Sprung über dem Meer zu schweben.

Sie sind keine Fische und können doch in die dunkelsten Tiefen tauchen.

Sie sind keine Menschen und haben doch die allerschönsten Gesänge.

Sie sind von gewaltiger Gestalt und scheinen doch Kinder zu sein.

Und wenn wir Pinguinkinder uns dann am Spiel der Wale sattgesehen hatten, rannten wir zu unserem ältesten Pinguin – denn der war der einzige unserer Kolonie, der je das Geheimnis der Wale von einem Wal erfahren hatte.

Und das war so gekommen:

Damals brach das Eis, auf dem wir Pinguine lebten, als riesige Scholle vom Südpol ab und wurde aufs offene Meer hinausgetrieben.

Da war guter Rat teuer. Natürlich sprangen die meisten Pinguine von der Eisscholle ins Meer und schwammen zurück. Und weil alle es eilig hatten, hätte es leicht zu einer Panik kommen können, und die entsetzten Pinguine hätten einander totgetrampelt.

Da rief unser Ältester: Frauen und Kinder zuerst! Das half. Als die Frauen und Kinder gerettet waren, drängten sich die Männer am Rand der Eisscholle. Gegen das Gedränge setzte unser Ältester seine Höflichkeit. Er sagte immerzu: „Bitte nach Ihnen! Bitte nach Ihnen!"

Zum Schluß waren alle gerettet. Nur er stand allein auf der Eisscholle mitten im Ozean. Er rief um Hilfe. Doch nirgendwo schien Hilfe herzukommen.

Da plötzlich erhob sich aus dem Meer eine Insel. Die schwamm auf die Eisscholle zu. Und der Pinguin, der sich schon in der Weite des Polarmeeres verloren glaubte, hörte einen Gesang: „Komm, steig auf meinen Rücken, ich bringe dich zurück!"

Staunend verließ der Pinguin die Eisscholle, erklomm die Insel und erkannte, daß diese sich in Bewegung setzte, zurück zum Eis des Südpols. Da ahnte der Pinguin, daß er sich auf dem Rücken eines Wales befand. Und er lauschte dem Gesang seines Retters.

„Höre!" sang dieser, „höre den großen Gesang. Das ist unsere Geschichte von Anbeginn der Zeit. Höre, damit du deinen Kindern und Kindeskindern erzählen kannst, was das Geheimnis der Wale ist.

Höre den großen Gesang: Es gab einmal eine Zeit der Sanftmut und Friedfertigkeit. Damals lebten unsere Vorfahren in warmen Lagunen zwischen Riesenfarnen und uralten Bäumen und Schachtelhalm im Wasser. Die ersten Wale waren klein und schlank und verspielt. Nahrung fanden sie reichlich und ihr höchstes Vergnügen war der Gesang. Damals in der Zeit der Sanftmut und Friedfertigkeit.

Doch dann tauchten andere Tiere auf. Riesige Tiere. Die trugen gewaltige Hörner und Schilde auf ihren Schädeln. Zwischen ihren Kiefern saßen reihenweise scharfe Zähne. Die zermalmten, was dazwischen kam. Ihre Klauen waren so scharf, daß sie Bäume zerfetzen konnten. Die Saurier eroberten die Erde.

Der Gesang war ihnen fremd. Das Spiel war ihnen verhaßt. Diese Kampfmaschinen kannten nur ein Ziel: Die Schöpfung zu unterwerfen! Da erschraken die meisten Geschöpfe. Die schlanken, verspielten Wale überkam eine angstvolle Traurigkeit. Wie sollten sie dieser schrecklichen Bedrohung entkommen?

Da riet ihnen die Schöpfung, die warmen Lagunen zu verlassen und das kalte Meer aufzusuchen. Denn die Schöpfung fand großen Gefallen an dem Gesang der Wale, ihrer Verspieltheit und freundlichen Art.

Da flohen die Wale ins kalte Meer. Dort aber froren sie so sehr, daß sie vor lauter Zittern und Bibbern keinen Ton mehr herausbrachten. Das dauerte die Schöpfung. Sie schenkte den schlanken, kleinen Walen einen dicken Taucheranzug aus Speck und Fett, der sie wärmen sollte. Seitdem sind wir Wale so groß und so dick.

Das geschah zu unserer Rettung. Dankbar sangen die Unsrigen wieder ihre Gesänge. Doch bald verstummten sie erneut: Sie fanden nicht genug zu essen in der Weite der Ozeane. Sie drohten zu verhungern.

Da schenkte ihnen die Schöpfung zu der Gabe des Gesanges noch ein äußerst empfindliches Gehör. Jetzt konnten wir Wale unsere Lieder singen und auf das Echo horchen. Denn auch Krebse und Fischschwärme werfen im Meer ein Echo. Und wir lernten dieses Echo zu deuten. Da wußten wir trotz der Finsternis der Tiefe, wo Nahrung zu finden war. Wir waren gerettet. Denn nur in den Tiefen des Meeres lag damals die Rettung vor jener Gewalt, die den gefräßigen Riesenechsen am Land ein Ende bereiten sollte: Ein Stern fiel vom Himmel auf die Erde. Der schlug in die Erdkruste ein. Ein gewaltiges Erdbeben folgte. Der Ozean türmte sich berghoch und überflutete alles Land. Pflanzen und Tiere wurden vernichtet und unter die Erde verbannt in die schwarzen Wälder der Kohle. Die Saurier starben aus. Nur in den Tiefen des Meeres überdauerte das Leben diese Katastrophe. Das Leben der Wale und ihr Gesang. Und jetzt", sagte der Wal, der unseren Ältesten zurück zum Südpol brachte, „jetzt höre ich das Echo meines Gesangs von den Eisklippen zurückkommen — guter Freund, wir sind da. Und vergiß nicht, was du gehört hast."

Sanft glitt der Wal zurück in die Tiefe. Unser Ältester schwamm auf den Schelf des Eises zu. Dort wurde er freudig begrüßt von allen anderen Pinguinen.
Nur die Pinguinkinder bestürmten ihn mit Fragen: „Wir haben einen Wal gesehen! Einen riesigen, dicken Wal! Warum sind sie so dick und so groß? Warum so verspielt? Warum so sanft?"
Und unser ältester Pinguin zupfte seine Daunen, hob den Schnabel und sagte: „Das ist ein wahrhaft großer Gesang…"

8. Schlüssel zum geheimen Wissen der Pinguine

Frederik Goll, 6 Jahre alt:

Warum heißt das Nest vom Adler genauso wie mein Onkel „Horst"?

Tja, warum heißt das Nest vom Adler genauso wie der Onkel vom Frederik? Beide heißen Horst!
Euer Gnaden verzeihen – im Grunde weiß ich nichts über den Onkel des kleinen Frederik.
Er heißt Horst.
Auch das Adlernest heißt Horst.
Man müßte vielleicht die Eltern von diesem Onkel Horst fragen. Die müßte man fragen, warum sie ihr Kind „Horst" getauft haben. Ich fürchte nur, daß wir dann zu hören bekämen: Der Horst heißt Horst, weil auch *sein* Patenonkel Horst heißt. Weil doch meistens die Kinder nach ihren Paten getauft werden.
Dann aber müßte der Frederik auch Horst heißen.
Heißt er aber nicht.
Ich fürchte, Euer Gnaden, so kommen wir hier nicht weiter.
Also zurück zur Grundfrage: Warum heißt das Nest vom Adler genauso wie der Onkel vom Frederik – nämlich „Horst"?
Die Frage *ist* und bleibt knifflig. Und wenn uns Pinguinen eine Frage zu knifflig wird, dann stellen wir sie auf den Kopf. Schließlich stehen wir Pinguine am Südpol für die Menschen im Norden immerzu auf dem Kopf.

43

Die Frage vom Frederik – südpolmäßig betrachtet – lautet dann: Warum heißt der Onkel vom Frederik Horst – ganz genauso wie das Nest vom Adler? Sehen Sie, Euer Gnaden, da liegt der Hase im Pfeffer. Ja, Euer Gnaden haben richtig gehört, der Hase und nicht etwa der Adler.

Die Sache ist nämlich so: Wäre der Hase noch immer der König der Tiere, dann würden auch die Menschen ihren Kindern Hasennamen geben und nicht Adlernestnamen. Wer heute „Horst" heißt, hieße dann vielleicht Hasi oder Häschen, Esterhazy oder Haserl.

Weil der Hase aber seinen Rang als König der Tiere an den Adler verloren hat, geben die Menschen ihren Kindern Adlernamen – Horst, Greif, Falk oder Adele.

Das tun die Eltern, weil sie denken, daß so ein starker Name auch ihr Kind stark machen wird – sie hoffen, daß vom Namen etwas auf den Menschen abfärbt!

Und hätte der Hase damals auf den Rat seiner Freunde gehört, dann wäre „Hasenfuß" kein Schimpfwort, sondern eine Ehrenbezeichnung. Und das Wort „Angsthase" gäbe es nicht.

Also zurück zu den Anfängen: Denn am Anfang war der Hase das angesehenste Tier der Schöpfung.

Selbst die Menschen hielten den Hasen in hohen Ehren! Denn der Hase ist mutig und wendig und schnell. Er ist zäh und lustig. Und hatte nicht die Schöpfung *selbst* dem Hasen ein ewiges Denkmal gesetzt? Sieht man bei Vollmond nicht deutlich das Bild des Hasen im nächtlichen Auge des Himmels? Sagen wir nicht heute noch zum Hasen „Meister Lampe"? Diese Lampe meint den Mond.

Sogar unsere Vor-Vorfahren, die alten Preußen, verehrten

den Hasen so sehr, daß sie ihn zu ihrem Wappentier ernannten. Sie nannten den Hasen „Maiden" – davon kommt der Name des Monats Mai, denn der Mai ist der Wonnemonat, der bringt den Menschen Glück!

Hätte der Hase damals nur auf den Rat seiner Freunde gehört, dann hätte Deutschland heutzutage keinen Bundesadler sondern einen Bundeshasen im Wappen. Und die Hasenjagd wäre verboten. Selbst auf den Münzen wäre dann ein Hase abgebildet!

So groß war die Verehrung des Hasen, daß die Vögel damals behaupteten, der Hase könne sogar Eier legen...

Doch leider, leider, leider hat der Hase damals nicht auf seine Freunde gehört. Er machte sich lächerlich. Vor aller Augen machte er sich lächerlich! Er wollte das Fliegen lernen. Er war besessen von der Idee des Fliegens. Flugbegeistert, flugbesessen, ja – flugfanatisch könnte man sagen.

Der Hase wollte einfach zu hoch hinaus.

Er hoppelte jede nur erdenkliche Böschung hinauf, stellte sich oben hin, prüfte den Gegenwind mit zitternden Schnurrbarthaaren, spreizte die langen Ohren ab und rannte die Böschung hinunter, stürzte sich dem Wind entgegen, wollte abheben und schlug doch hart ins Gras. Gleich rappelte er sich wieder auf, hoppelte nach oben, spreizte die Ohren ab, rannte, was das Zeug hielt, den Hang hinunter, hob dennoch nicht ab und bautz – da purzelte er schon wieder über die Wiese.

Zuerst lachten nur die Kaninchen. Hinter vorgehaltener Pfote. Dann lachten die Spatzen in den Hecken. Hinter dem Reisig. Dann lachten die Krähen. Und die haben mit

Höflichkeit nichts am Hut – Verzeihung: Ich meine am Schnabel. Die lachen laut und hämisch. Da war es aus mit der Würde, und wenn es mit der Würde aus ist, wird man ausgelacht.

Der Hase aber kämpfte unverdrossen um seinen ersten Flug. Er rief: „Es gibt Mäuse, die fliegen als Fledermäuse. Es gibt Hörnchen, die fliegen als Flughörnchen. Ich will fliegen! Warum soll ausgerechnet der König der Tiere am Boden bleiben?"

Der Regenwurm warnte, denn Hasen, wenn sie erst einmal zerbrochen sind, können nicht als zwei neue Hasen weiterleben. Das können nur die Würmer, zerteilt werden und trotzdem weiterkriechen.

Aber der Hase war ins Fliegen vernarrt. Er rannte, er stürzte und schlug Karbolz. Er machte sich lächerlich. Da hatte der Adler ein Erbarmen. Er schwebte zum Hasen nieder, griff ihn im Nacken und hob sich mit ihm hinauf in die Lüfte.

„Seht Ihr", sagte der Adler, „auch wenn einer nicht aus eigener Kraft fliegen kann, wie Ihr, so kann er sich doch fliegen lassen – wozu seid Ihr König der Tiere?"

„Ich kann aber fliegen!" beharrte der Hase. „Ich kann! Laß mich los, dann segle ich hinunter – und alle Welt wird endlich wissen, daß der Hase fliegen kann!"

Der Adler erschrak: „Ihr werdet Euch alle Knochen brechen!"

„Papperlapapp", der Hase zappelte und riß sich vom Adler los.

Doch Ohren sind keine Flügel. Und Hasenohren erst recht nicht. Die wirken eher wie Propeller! Der Hase drehte sich

immer schneller und fiel und fiel und fiel – in ein weiches Gebüsch.
Da lag er. War nix passiert. Er war nur etwas verdreht und schwindlig. Gab nur noch verdrehte Antworten.
Da wählten die Tiere den Adler zum König. Wegen der Würde. Und der Hase verkroch sich in den Hecken. Wegen der Scham.
Und die Menschen, die sich gerne an die Stärkeren halten, gaben fortan ihren Kindern keine Hasennamen mehr, sondern Adlernamen. Einer davon ist Horst. Der bedeutet Adlernest. Wer weiß, wenn der Hase damals nicht so ins Fliegen vernarrt gewesen wäre, wie der Horst heute heißen würde?

9. Schlüssel zum geheimen Wissen der Pinguine

Ilka Waldmann, 11 Jahre alt:

Warum bekommen die Menschen manchmal eine Gänsehaut?

Verzeihung, Euer Gnaden, daß ich nicht „*Wir* Menschen" sage. Denn zuerst will ich weitergeben, was die Gänse davon halten: „Wir Gänse", sagen sie, „legen Wert auf die Feststellung, daß das Menschenwort ‚Gänsehaut' für uns bedrohlich bis fürchterlich klingt. Jawohl! Denn wann und warum bekommen wir Gänse eine Gänsehaut? Erraten: Immer dann, wenn wir gerupft werden und unserer Daunen und Federn beraubt! Und wann geschieht das? Immer kurz vor Weihnachten. Und warum? Weil die Menschen dann gerne eine Weihnachtsgans essen wollen. Und das macht uns Gänsen Gänsehaut!"

Nun könnten Euer Gnaden sagen: „Aber die Menschen bekommen doch auch eine Gänsehaut!"

„Jaaaa…" würden die Gänse antworten, „aber kein Mensch wird dafür gerupft und gebraten!"

Ja, Euer Gnaden, die Gänse sind aus Schaden klug geworden! Eine dumme Gans käme kaum auf so gescheite Überlegungen. Nur darum durften die Gänse auch als einzige im alten Rom das Capitol bewachen – den Regierungspalast. Das nur nebenbei. Die Geschichte der Gänsehaut indessen geht viel weiter zurück als die Geschichte der Weihnachtsgans:

48

Sie beginnt am Südpol – richtig erraten! Dort war einmal
ein Pinguin. Der hatte keinen sehnlicheren Wunsch, als
irgendwann einmal als Mensch unter Menschen die Welt
zu erleben. Natürlich rieten ihm die anderen Pinguine ab:
„Was willst du als Mensch auf der Erde?
Willst du was Besseres sein als wir?
Willst du nackt gehen wie die Menschen?
Willst du dich in Haare kleiden?
Willst du frieren im Eis?
Weißt du nicht, daß einer, der aufsteigen will zu den
Menschen, zuallererst dienen muß?"
Der Pinguin, der unbedingt ein Mensch sein wollte, seufzte
nur: „Ihr versteht mich nicht. Keiner versteht mich. Warum
muß einer sein Leben lang bleiben, wie er aus dem Ei
geschlüpft ist? Es gibt bestimmt auch Menschenkinder, die
sich danach sehnen, einmal ein Pinguin zu sein: zu tauchen,
zu fischen, zu brüten! Und ich bin halt ein Pinguinkind, das
sich danach sehnt, ein Mensch zu sein. Seit wann sind
Wünsche verboten?"
Zwischen Wunsch und Wirklichkeit liegt jedoch meistens
ein langer Weg. Unser Pinguin aber war fest entschlossen,
diesen Weg zu gehen – besser gesagt: zu schwimmen.
Eines Tages sprang er vom Packeis ins Meer und schwamm
unbeirrt nach Norden. Denn vom Südpol aus gesehen leben
alle Menschen im Norden. Er schwamm an Australien
vorbei. Da wurde das Meer schon wärmer. Er schwamm
die Küste Afrikas hinauf nach Norden. Da wurde das Meer
noch wärmer. In der Nähe des Äquators begann unser
Pinguin im Meer zu schwitzen. Er hielt durch bis zu den
Kapverdischen Inseln. Dort ging er an Land. Da war ihm so

heiß in seinem warmen Daunenkleid, daß er sich die Federn auszupfte. Eine nach der anderen. Das war mittags. Abends aber lief ihm plötzlich ein unbekannter Schauder über den Rücken. Er bekam eine Gänsehaut. Damals sagte man: Rupfhaut. Dem Pinguin schien die kühle Abendbrise kälter als das Meer, also ging er zurück ins Wasser. Wohlig umspülten ihn warme Wellen. Da glättete sich seine Rupfhaut wieder.

Nordwärts! sehnte sich der Pinguin, denn die Kapverdischen Inseln waren damals noch unbewohnt. Also schwamm er weiter nach Norden.

Da wurde das Meer wieder kühler. Und wäre nicht gerade Sommer gewesen im Norden, dann hätte sich unser gerupfter Pinguin eine dicke Erkältung geholt.

So aber erreichte er wohlbehalten die Strände Portugals. Dort wimmelte es nur so von Menschen. Allesamt Urlaubsmenschen! Schon wieder bekam unser Pinguin eine Gänsehaut – Verzeihung – ich meine: Rupfhaut. Diesmal aber aus unbändiger Freude und Erregung!

Doch dann erschrak er zugleich: Diese Urlaubsmenschen trugen allesamt Badehosen! Unser Pinguin aber erkannte, daß er nackt war...

Wie jetzt an Land gehen? Wie sich unbemerkt unter die Menschen mischen und einer von ihnen werden? Da rettete ihn eine Frauenstimme, die von einer Luxusyacht aus rief: „William! William! Da treibt ein Butler im Wasser! Da schwimmt einer im Frack! Hol ihn heraus, William, wir brauchen doch einen Butler. Und wenn schon mal einer vorbeischwimmt, dann solltest du auch zugreifen, William!"

Und Sir William griff zu. „Ein echter Butler! So echt, daß ihm der Frack schon auf dem Rücken festgewachsen ist!" Sicher, das kam daher, daß unser Pinguin sich mit dem Schnabel zwar den Bauch hatte rupfen können, den Rücken jedoch nicht.

Und damit er nicht dauernd mit fröstelnder Rupfhaut herumlaufen mußte, bekam unser Pinguin von Sir William neue Hosen, neue Hemden, neue Schuhe. Nur der Frack blieb, wie er war. Das war der erste Pinguin, der unter Menschen als Butler seinen Dienst versah. Und ich sage nicht ohne Stolz: Mein Ur-Ur-Ur-Urgroßvater!

Mit der Zeit waren wir Butler-Pinguine von den Menschen nicht mehr zu unterscheiden. Wir gehen aufrecht auf zwei Beinen, wir legen Wert auf elegante Kleidung, sind freundlich und gebildet, und – wir heirateten, wir hatten Kinder, die heirateten, die hatten Kinder und so weiter und so fort. Heutzutage weiß keiner mehr, ob unsere Kinder von Adam und Eva oder aber von den Pinguinen abstammen.

Die Kinder allerdings können das noch selbst herausfinden: Allen Kindeskindern aus der Linie unseres Pinguins ist eine Eigenschaft geblieben: Wenn es ihnen zu kühl wird, bekommen sie Gänsehaut – Verzeihung – ich meine Rupfhaut. Auch wenn sie Angst haben und ihnen ein kalter Schauder über den Rücken läuft, dann kann man genau die Stellen entdecken, wo einst die Daunenfedern saßen, die sich unser Ur-Ur-Ur-Urgroßvater auf den Kapverdischen Inseln ausgezupft hat, um nackt wie ein Mensch zu sein.

Manche Kinder bekommen auch eine Rupfhaut aus Vorfreude und höchster Erregung – wie damals, als unser Pinguin die Urlaubsmenschen in Portugal vor sich sah.

51

Daß wir auch aus Angst eine Rupfhaut bekommen, das hat allein mit den Gänsen zu tun: Denn die, daran bitte ich immer zu denken, rupfen sich keineswegs freiwillig. Darum sagen wir Pinguine zur Rupfhaut, wenn sie aus Angst oder Grauen über uns kommt, Gänsehaut.

Und wenn Euer Gnaden morgens aus den Federn müssen und dann eine Gänsehaut bekommen – Verzeihung: eine Rupfhaut –, dann liegt das einzig und allein an den fehlenden Daunen.

10. Schlüssel zum geheimen Wissen der Pinguine

Hannah Fromm, 6½ Jahre alt:
Warum kann der Kuckuck seinen Namen rufen?

Die einfachste Antwort lautet: Weil der Mensch den Kuk-
kuck so genannt hat, wie er ruft. „Kuckuck!" Und damit
wäre die Geschichte auch schon zu Ende.
Wenn wir aber nicht die Menschen, sondern die Vögel
fragen, bekommen wir andere Antworten. Der Zaunkönig
und der Spatz, die Bachstelze und die Meise, sogar das
Gartenrotschwänzchen, *die* können ein Lied davon singen,
warum der Kuckuck immerzu seinen Namen ruft!
Die sind auf den Kuckuck nicht gut zu sprechen. Sie sind
sauer auf das Kuckucksmännchen. Sie verwünschen das
Kuckucksweibchen. Sie zetern und lassen kaum eine gute
Feder an diesem Gaunerpärchen.
Ja – Gaunerpärchen!
Das begann zu jener Zeit, als die Vögel aus dem Paradies in
die Welt entlassen waren. Da erhob sich plötzlich empörtes
Gezwitscher.
War das ein Getschilpe und Gezeter! Alle anderen Tiere in
Wald und Feld hielten inne und hoben die Köpfe:
„Das ist *mein* Kind! Das geb' ich nicht her! Das hab ich
selbst ausgebrütet, geatzt und aufgezogen!" empörte sich
das Gartenrotschwänzchen. Das Kuckucksweibchen saß
auf einem Zweig vor dem Nest des Gartenrotschwänzchens

und schrie: „Unsinn, das ist mein Kind! Kuckuck! Mein Kind. Das ist aus meinem Ei geschlüpft. Gib es sofort heraus, Kuckuck!"

Doch das Gartenrotschwänzchen hielt in seinem Schnabel den einen Flügel des Nesthockers fest. Das Kuckucksweibchen aber zerrte mit seinem Schnabel an dem anderen Flügel des Jungen. Das aber sperrte den Schnabel sperrangelweit auf und krähte aus Leibeskräften.

Da versammelten sich die Tiere unter dem Baum und brachten den Streit vor die Schöpfung.

„Ich bin die echte Mutter! Kuckuck! Kuckuck!" ereiferte sich das Kuckucksweibchen. „Ich habe das Ei gelegt, aus dem mein Junges geschlüpft ist. Ich will es wiederhaben!"

„Ich bin die echte Mutter, Tschipp-Tschipp!" klagte das Gartenrotschwänzchen. „Ich habe es ausgebrütet. Ich habe es gefüttert. Seht nur, wie es den Schnabel aufreißt! Seht nur, wie groß es schon ist! Auf keinen Fall werde ich mein Kind freiwillig hergeben!"

„Mein Ei!" rief das Kuckucksweibchen.

„Mein Kind!" rief das Gartenrotschwänzchen. Zwei Mütter und ein Kind – da war guter Rat teuer.

Da bat die Schöpfung um Ruhe und winkte den Affen heran. Der brachte ein sehr scharfes Messer herbei. „Nun", sagte die Schöpfung, „da ihr euch nicht einigen könnt, wer die wahre Mutter dieses Nesthockers ist, wollen wir das Junge der Länge nach zerteilen. Jede von euch bekommt eine Hälfte der Brut. Damit ist der Gerechtigkeit Genüge getan. Euer Streit sei damit beendet!"

„Na also!" rief das Kuckucksweibchen, „eine Hälfte gehört mir, weil ich das Ei gelegt habe!"

„Tschipptscheripp!" protestierte das Gartenrotschwänz-
chen, „Tschipptscheripp, bitte tut das nicht! Wie könnt Ihr
nur so grausam sein und mein Kind in zwei Hälften
zerteilen wollen, nur um der Gerechtigkeit willen?
Tschipptscheripp, ich bitt' Euch, laßt das Junge leben und
gebt es dem Kuckucksweibchen. Besser, ich verliere mein
Kind, als daß mein Kind sein Leben verliert!"
Der Affe ließ das Messer sinken.
Das Kuckucksweibchen rief: „Kuckuck! Kuckuck!" Der
Nesthocker erhob sich, antwortete ebenso und beide flogen
davon.
Das Gartenrotschwänzchen blieb traurig sitzen am leeren
Nest.
Da begannen die Tiere unter dem Baum zu murren.
„Warum wird das Gartenrotschwänzchen bestraft für seine
Fürsorge und das Kuckucksweibchen wird belohnt für
seine Dreistigkeit?"
Die Bachstelze wippte empört: „Jedes Frühjahr dasselbe!
Wenn wir unsre Eier gelegt haben, kommt das Kuckucks-
männchen geflogen und macht Rabatz. Dann müssen wir
unser Gelege verlassen, um den Kuckuck abzuwehren.
Hinter unsrem Rücken aber legt das Kuckucksweibchen
indessen sein Ei in unser Nest. Und damit wir das nicht
merken sollen, wirft es dafür ein Ei von uns heraus. So sieht
es aus!"
Und die Spatzen tschilpten: „Brutbetrug! Schmarotzer!"
„Als wenn das alles wäre!" beklagte sich der Zaunkönig.
„Kaum ist das Kuckucksjunge aus dem Ei geschlüpft,
schon wirft es unsere Eier aus dem Nest. Dann macht es
sich breit und sperrt seinen Schnabel auf. Dann heißt es,

Fliegen fangen, was das Zeug hält! Und Raupen und Würmchen und stopfen, stopfen, stopfen! Die Kuckuckseltern sind Betrüger! Brutschmarotzer, und wir haben dann die Arbeit."

Nein, das ist nicht gerecht! Die Tiere waren sich einig.

Die Schöpfung lächelte: „Was schimpft ihr über die Kuckuckseltern? Warum schimpft ihr nicht über mich? Ich habe doch den Kuckuck so geschaffen, wie er ist!"

„Aber wozu das alles?" Die Tiere waren aufgebracht. Die Vögel spreizten ihr Gefieder und plusterten sich beleidigt auf.

„Um den Menschen ein Beispiel zu geben!" sprach die Schöpfung.

Das verstanden die Tiere nicht; verlegen schwiegen sie und sahen einander fragend an.

Die Schöpfung schmunzelte: „Denkt an die Kuckuckskinder zuerst. Es wird immer wieder Kinder geben auf dieser Welt, die von ihren Eltern ausgesetzt werden, verlassen oder aufgegeben. Darum muß es auch immer wieder fremde Eltern geben, die sich um solche Kinder kümmern, sie füttern und umsorgen und aufziehen wie das eigene Kind. So lange, bis diese Kinder groß genug sind, um das Nest ihrer Adoptiveltern zu verlassen."

„Wenn das so ist", riefen die Tiere verdutzt, „dann verstehen wir aber nicht, warum das Kuckucksweibchen das Kind wieder zu sich nehmen darf?"

„Auch das geschieht nicht ohne Grund", antwortete die Schöpfung. „Kein Kind, auch nicht das Kuckuckskind, ist Eigentum seiner Eltern; weder der Kuckuckseltern, noch der Adoptiveltern. Es ist seinen Eltern nur anvertraut.

Wenn ein Kind erst einmal flügge ist, kann es fliegen, wohin es will. Weil aber auch Adoptiveltern dazu neigen, ihr Kind nicht loszulassen, weil sie eine besondere Dankbarkeit erwarten, bekam der Kuckuck die Begabung, sein Kind bei seinem richtigen Namen rufen zu können. Dann erkennt das Kuckuckskind die Stimme seiner Art und wird das Pflegenest verlassen. So bewahrt der Kuckuck auch die Adoptiveltern vor dem Fehler, ihr Kind aus lauter Liebe nicht aus dem Nest zu lassen. Nur deshalb kann der Kuckuck seinen eigenen Namen rufen."

„Und die Menschen? Lernen sie wirklich von uns?" fragte das Gartenrotschwänzchen versöhnlich.

„Aber ja", versicherte die Schöpfung. „Alle Menscheneltern, ganz gleich, ob sie Adoptivkinder haben oder ihre eigenen, alle rufen sie: ‚Kuckuck! Kuckuck!', wenn sich ihr Kind versteckt hat oder die Augen zuhält. Dann springt das Kind auf und lacht und rennt zu seinen Eltern und ruft: ‚Daaaaaaaaaaaa!'"

11. Schlüssel zum geheimen Wissen der Pinguine

Johannes Gering, 10 Jahre alt:
Warum ist die Erde rund?

Euer Gnaden, was soll ich sagen, es gibt auch hier mindestens zwei Möglichkeiten. Erstens die kurze Antwort und zweitens die ausführliche. Die kurze Antwort lautet: Die Erde ist rund, weil sie eine Kugel ist. Kugeln sind nämlich immer rund. Und weil unsere Erde eine Kugel ist, heißt sie auch Erd*kugel* und nicht Erd*würfel*.

Die ausführliche Antwort beginnt mit der Schöpfung. Lange vor der Erschaffung der Erde. Lange vor der Erschaffung des Weltalls. Damals war alles noch Wunsch und Gedanke, Klang und Phantasie. Alles war möglich und noch nichts ausgesprochen. In dieser Zeit, als alles noch Gedanke war, spielte die Schöpfung das große Spiel der Möglichkeiten. Ein Gedankenspiel. Es beginnt stets mit derselben Frage: *Was wäre wenn?*

Was wäre, wenn die Erde die Form eines Pfeiles bekäme? Kaum hatte die Schöpfung diesen Gedanken gefaßt, da hörte sie auch schon Schreien und Rufen: „Nach vorne! Nach vorne! Laßt mich durch! Platz da, laßt mich vorbei! Ich muß nach vorne, aus dem Weg!"

Und wer unsicher auf den Beinen war, der wurde zur Seite gestoßen. Wer höflich war, fiel zurück. Wer stehenblieb, wurde ausgelacht, wer nachdenklich war, wurde überholt.

Wer aber seine Ellenbogen benutzte, zu Grobheit neigte und nur ein Ziel vor Augen hatte, der gelangte nach vorne an die Spitze des Pfeiles.

Da wußte die Schöpfung, daß die Erde niemals die Form eines Pfeiles bekommen durfte.

Sie begann ihr Spiel der Möglichkeiten von neuem:

Was wäre, wenn die Erde die Form einer Scheibe bekäme?

Kaum hatte die Schöpfung diesen Gedanken gefaßt, da hörte sie auch schon Empörung und heftiges Streiten – alle schoben sich zur Mitte. Keiner wollte an den Rand gedrängt werden. Jeder wollte im Mittelpunkt stehen. Die Mitte der Erdenscheibe wurde zum heiß umkämpften Platz. Wieder waren es die Stärksten und Brutalsten, die den Platz im Mittelpunkt einnahmen, die das Zentrum der Erdscheibe eroberten. Die sich selbst als Mitte betrachteten. Die Freundlichen, die Schwachen, die Nachdenklichen und die Langsamen wurden allesamt an den Rand gedrängt, an den Abgrund und die Leere.

Da wußte die Schöpfung, daß die Erde niemals die Form einer Scheibe bekommen durfte.

Die Schöpfung begann in ihrem Spiel der Möglichkeiten noch einmal ganz von vorne:

Was wäre, wenn die Erde die Form einer Pyramide bekäme?

Schon sah die Schöpfung vor ihrem inneren Auge diese Pyramide wachsen. Am Fuße der Pyramide aber schrie und tobte es wild durcheinander: „Nach oben! Aufwärts! Nach oben!" Alle schienen von einem einzigen Gedanken beseelt – möglichst hoch hinauf zu kommen, vielleicht sogar bis auf die Spitze! Alles drängte zum Gipfel.

Wer bedächtig war, wurde überrannt. Wer langsam war, wurde zurückgestoßen. Wer schwach war, wurde nach unten gedrängt. Kinder und Alte blieben liegen.

Nur die Rücksichtslosen stiegen unaufhaltsam auf. Sie kannten keine Hindernisse. Wer ihnen im Weg war, wurde nach unten gestoßen. Wer höflich war, wurde ausgenutzt und mußte den Rücksichtslosen sogar noch helfen, höher hinauf zu gelangen. Wer vor ihnen war, an den hielten sie sich, so lange, bis den die Kraft verließ.

Wer die Spitze erklommen hatte, mußte beständig nach unten treten, um nicht vom Gipfel gestoßen zu werden. Der Kampf der Aufsteiger um den Platz an der Spitze wurde unbarmherzig ausgefochten: Jeder war sich selbst der nächste. Kaum war einer oben angelangt, schon wurde er wieder vom Gipfel gestoßen. Am Fuße der Pyramide aber lagen jene, die es nicht geschafft hatten, und die wenigen, die gar nicht erst probiert hatten, bis ganz nach oben zu kommen.

Da verwarf die Schöpfung auch diese Idee, der Erde die Gestalt einer Pyramide zu geben.

Die Erde mußte ganz anders sein:

Ohne Anfang und ohne Ende. Ohne ein Vorne und ohne ein Hinten. Überall im gleichen Abstand von der Mitte. Ohne ein Oben und ohne ein Unten.

Im Spiel der Möglichkeiten formte die Schöpfung aus ihren Gedanken die Erde. Ihr Ebenmaß war vollkommen. Ihre Gestalt war die einer Kugel.

Licht und Wärme mußte die Sonne spenden. Doch wo Licht ist, ist auch Schatten. Damit aber Licht und Schatten gerecht verteilt wären über die Erde, gab die Schöpfung ihr einen Schubs. Die Erde drehte sich. Tag und Nacht setzten ein.

Im Spiel der Möglichkeiten hatte die Schöpfung für die Erde die gerechteste Form erdacht – denn auf einer Kugel sind alle gleich weit vom Mittelpunkt entfernt. Auf einer Kugel gibt es weder ein Oben noch ein Unten. Auf einer Kugel gibt es weder einen Anfang noch ein Ende. Auf einer Kugel gibt es kein Vorne und kein Hinten.

Die Kugel ist die gerechteste Gestalt, die vollkommenste Form, die uns von der Schöpfung geschenkt wurde.

Sehen Sie, Euer Gnaden, wir Pinguine haben das nicht vergessen. Aus Dankbarkeit über dieses Geschenk der Schöpfung wählten wir damals das Ei, um unsere Jungen zu bekommen. Im Ei ist die Gestalt der Kugel eingefangen, im Dotter das Licht der Sonne.

Auch bei den Menschen, Euer Gnaden, beginnt das pochende Leben in seinen allerersten Anfängen in Gestalt einer winzigkleinen Kugel.

Und ist es nicht so, daß alles, was Leben spendet und erhält, eher rund ist als kantig und scharf?

Manchmal scheint es sogar, als brächten die Menschenkinder ein uraltes Wissen mit auf die Welt, eine uralte Dankbarkeit: Denn überall auf der Erde jauchzen die kleinsten Kinder vor Freude, wenn sie zum ersten Mal mit einem Ball spielen dürfen!

Und überall auf der Welt weinen die Kleinen, wenn ihnen einmal ein Luftballon platzt.

12. Schlüssel zum geheimen Wissen der Pinguine

Nora Hauck, 5 Jahre alt:
Warum kann man Gott nicht sehen?

Nun, Euer Gnaden, das ist eine große, schwere Frage. Tatsache ist, daß wir Gott nicht sehen können. Und das – so sagen wir Pinguine – ist ein wahrer Segen!
Ich sehe, Euer Gnaden runzeln die Stirne. Gut, dann will ich zuerst erklären, warum wir Pinguine froh sind darüber, daß wir Gott nicht sehen können: Weil wir sonst verrückt würden! Euer Gnaden haben richtig gehört: Wir würden verrückt, wenn Gott nicht unsichtbar wäre.
Gott – um nur *ein* Beispiel zu nennen – ist ewig. Das heißt, ohne Anfang und ohne Ende. Euer Gnaden können einmal probieren, sich das vorzustellen: Ohne Anfang und ohne Ende! Und schon wird uns schwindlig.
Gott ist allumfassend. Wenn wir uns das auch noch vorstellen wollen, *allumfassend*, also gleichzeitig hier und gleichzeitig dort und gleichzeitig überall, gerade jetzt und gestern und morgen und alles zur selben Zeit – Euer Gnaden, das können wir denken und sagen, aber sehen oder begreifen können wir das nicht. Das sprengt uns den Kopf. Das geht über unseren Verstand. Darum sagen wir Pinguine auch, daß man sich an solchen Fragen leicht den Kopf zerbrechen kann. Und weil Gott nicht will, daß wir an ihm verrückt werden, bleibt er lieber unsichtbar. Was aber bedeutet

dieses Wort „unsichtbar"? Wir Pinguine sagen, es bedeutet
ALLES und NICHTS. Und hier, Euer Gnaden, beginnt die
Geschichte, die ich Euch erzählen will:
Vor langer, langer Zeit wurde auf der griechischen Insel
Delos ein kleiner Junge geboren. Die Insel Delos ist bekannt
für ihren herrlichen weißen Marmor. Der steigt dort in
hohen Felswänden aus dem Meer. Der leuchtet weiß bis
zum Horizont. Am Fuße einer dieser Felswände krabbelte
und spielte der kleine Junge. Keiner wußte so recht, was er
dort machte. Bis eines Tages seine Mutter genauer hinsah
und erkannte, daß der Kleine damit begonnen hatte, die
marmorne Felswand zu bemalen.
Die Mutter staunte. Solange der Junge noch krabbelte,
malte er mit Fingern und Federn und Farben nur krabbeln-
des Getier: Ameisen, Spinnen, Käfer. Auch Lurche und
Eidechsen, Tausendfüßler und Würmer.
Als der Junge stehen konnte, malte er weiter oben alles was
stand: Enten, Gänse, Hasen, Rehe, Hirsche, kleine Bäume
und zarte Gräser.
Als der Junge sprechen lernte, galt er schon auf der ganzen
Insel als ein heiliges Kind. Von weither kamen die Men-
schen auf Booten und Eseln, um das Bild dieses kleinen
Meisters zu bewundern. „Was malst du da?" wurde der
Junge gefragt. Der Junge sah von seiner Malerei auf und
sagte zögernd: „Alles."
Da erschraken die Eltern des Jungen, denn ALLES zu
malen, bedeutet, die ganze Schöpfung malen zu wollen.
Das aber bedeutet, GOTT zu malen.
Bald sprach es sich herum, daß der Junge einem heiligen
Auftrag folgte. Der malte indessen weiter. Schon sprangen

über die Marmorwand größere Tiere: Löwen und Krokodile, Affen und Pferde, Kühe und Elefanten. Mit dem Jungen wuchs auch das Bild. Bald war der Junge zum Mann gereift und er malte noch immer. Er seilte sich jetzt von oben in die blendend weiße Felswand ab und malte das Meer, die Berge, die Wolken, den Himmel. Er malte die Sterne und den Mond. Er malte und malte und malte. Der Junge war schon längst ein Mann in reifem Alter geworden und galt als ein Heiliger, als sein Bild so groß und gewaltig geworden war, daß es fast die gesamte Felswand bedeckte. Und noch immer malte der Maler, der seinem inneren Auftrag folgte, die gesamte Schöpfung auf die strahlende Marmorwand.

Indessen wurde sein Bart zuerst grau und dann weiß. Er spürte sein Ende nahen. Die Kräfte ließen nach. Umso unermüdlicher malte er. Nicht nur am Tag. Auch in der Nacht.

Das verwunderte die Menschen, die den alten Meister auf seinem Brett in der Felswand hängen sahen. Noch mehr aber wunderten sie sich, als der greise Maler nicht mehr nach Farben verlangte, sondern nur noch nach Wasser. Der Meister malte mit Wasser! Er schien nicht zu sehen, wie er mit Wasser und Pinsel sein Lebenswerk Stück für Stück wieder aus der Felswand wusch. „Meister – was tut Ihr da?" riefen die Menschen entsetzt zu ihm hoch. „Ich vollende mein Werk!" schallte es aus der Felswand zurück. Und Pinselstrich um Pinselstrich verschwanden die Gestirne, die Meere, die herrlichsten Landschaften aus der Felswand. Hervor trat der strahlend weiße Marmor.

Eines Morgens fand man den Meister am Fuße der Felswand knien. Dort verlöschten die krabbelnden Tiere, die Käfer und

Spinnen, die Würmer, die Eidechsen und die Ameisen. Da blieben die Leute bei dem Alten stehen und sahen ihm fassungslos zu. Endlich erhob sich der greise Meister und rief: „Es ist vollbracht!"

Die Menge schwieg beklommen. Sie starrte enttäuscht auf die gleißende Marmorwand.

„Ist es gelungen?" fragte der Meister zögernd.

„Aber da ist ja nichts mehr zu sehen!" riefen die Leute durcheinander.

„Nichts zu sehen?" fragte der Meister. „Ich habe mein Leben lang an diesem Bild gemalt, und ihr sagt, es ist nichts zu sehen? Seid geduldig! Schaut euch das Bild in größter Ruhe an. Nehmt euch Zeit! Es ist vollendet. Alles, was ist, ist in diesem Bild!"

Die aber nahe bei dem greisen Meister standen, sahen, daß dieser erblindet war. Ein Raunen ging durch die Menge: Er sagt, sein Bild sei vollendet. Es wäre alles darauf zu sehen, was ist. Er sagt, man solle nur lange genug sein Meisterwerk betrachten...

Also blieben sie stehen und starrten in die weiße Marmorwand. Und je länger sie starrten, desto höher stieg die Sonne. Gegen Abend waren sie alle blind, die im gewaltigen Bild des Meisters etwas zu erkennen suchten.

Da murrten die Menschen und fragten den Meister: „Was hast du mit uns getan?"

Und der Greis antwortete mit ruhiger Stimme: „Als ich noch sah, war ich blind. Als ich erblindete, begann ich zu sehen."

„Dann sag uns wenigstens, *was* du gesehen hast, als du erblindet warst!" rief die aufgebrachte Menge.

Der Greis zögerte und sagte endlich: „Als ich noch sah, wollte ich alles malen, alles, was ist, die ganze Schöpfung. Und ich malte, wie ihr wißt. Und je länger ich malte, desto verzweifelter wurde ich, denn ich mußte erkennen, daß ich nicht in der Lage sein würde, alles, was ist, auch zu malen. So vieles war unsichtbar. So vieles blieb meinen Augen verborgen. Da begann ich, das Unsichtbare zu malen. Und ich suchte nach einer Farbe. Und ich fand diese Farbe im Wasser. Und die unsichtbare Farbe des Wassers löste die sichtbaren Farben auf. Und ich erblindete. Das ist es, was ich gesehen habe."

Hier, Euer Gnaden, endet die Geschichte von ALLES oder NICHTS. Wir können Gott nicht sehen, weil wir weder ALLES sehen können, noch ein NICHTS. Wir können Gott auch nicht begreifen. Und weil wir Gott nicht begreifen können, will er auch nicht, daß die Menschen sich ein Bild von ihm machen. Ein Bild machen, hieße ja, daß wir Gott sehen und erkennen könnten. Wer aber kann das von sich behaupten ohne zu lügen? Nur darum hat der Maler von Delos ein unsichtbares Bild gemalt. Er wollte nicht lügen. Nur darum sagen die gelehrtesten Pinguine diesen einen bescheidenen Satz: „Ich weiß, daß ich nichts weiß."

13. Schlüssel zum geheimen Wissen der Pinguine

Maria Hörmann, 9 Jahre alt:

Warum haben Frauen keine Bärte?

Nun, Euer Gnaden, die Ärzte, die manches wissen, aber nicht alles, sagen: Das liegt an den Hormonen. Die Wissenschaftler, die vieles wissen, aber nicht alles, sagen: Das liegt an den Chromosomen! Und die berühmtesten Forscher, die mit den besten Mikroskopen, die sagen: Das liegt an den Genen. Wenn wir aber wissen wollen, *warum?*, dann antworten diese Herrschaften: Für Fragen mit *warum* ist „*Pinguin, der Frack*" zuständig.

Also gut. Vergessen wir einmal mehr, was sich die Menschen im Laufe der Zeit als Antwort auf Marias Frage so alles zurechtgelegt haben. Kehren wir zurück zu den Anfängen. In den Anfängen der Schöpfung, in Gondwanaland, war es gar kein Problem, ob einer Junge oder Mädchen, Mann oder Frau, Vater oder Mutter sein wollte. Es stand nämlich allen Geschöpfen frei, ob sie einander Mann oder Frau und ihrem Kind Vater oder Mutter sein wollten.

Und das war so: Wenn zwei Geschöpfe derselben Art sich besonders lieb hatten, war es ohnehin egal, ob sie Mann oder Frau waren. Schmusten sie aber miteinander im Wunsch nach einem gemeinsamen Kind – weil das Leben ja weitergehen muß – dann steckten die beiden die Köpfe zusammen und fragten einander: „Was wäre Dir lieber?

Möchtest du der Vater oder die Mutter unseres Kindes sein?"

Wenn beide sich dann einig waren, war ihr Vertrauen zueinander und die Sehnsucht nach einem Kind so tief verwurzelt, daß sie sich zu verändern begannen:

Bei den Vögeln zum Beispiel legten die Wunschväter sich ein möglichst buntes Federkleid zu. Die Wunschmütter hingegen suchten nach schlichten Farben. Meist trugen die Vogelwunschmütter dann solche Farben und Muster, die der Umgebung ihres Nestes täuschend ähnlich waren. Dann konnten die Raubvögel aus der Luft das brütende Weibchen im Nest nicht erkennen. Das bunte Männchen hingegen war sehr auffällig und konnte die Feinde dann vom Nest und der Brut fortlocken.

Bei den Löwen wuchs den Wunschvätern eine Mähne. Damit sie noch größer und stärker aussehen sollten, als sie schon waren. Auch das hatte einen Sinn: Denn die Löwenmutter muß sich um die Jungen kümmern. Dann muß der Löwenvater so stark aussehen wie zwei Löwen, damit er Mutter und Kind vor Angreifern schützen kann.

Jetzt kommen wir zu den Menschen damals. Vor der großen Liebe sahen alle sehr ähnlich aus: Wie unbeschwerte große Kinder, jugendlich, fröhlich, verspielt. Erst als Liebende veränderten sich auch die Menschen. Diejenigen unter ihnen, die gerne Frauen und Mütter sein wollten, wurden weicher in ihren Formen. Ihre Stimmen klangen höher und klarer. Sie sollten ja später ihrem Kind die Wiegenlieder singen. Sie wollten in *der* Tonlage singen, die schon das Neugeborene mit auf die Welt bringt. Auch wölbten sich die Brüste bei den Menschen, die Frauen sein wollten und Mütter. Die sollten süße Milch und weiche Zärtlichkeit bereithalten für das Kind.

Die gerne Männer und Väter sein wollten, legten Muskeln zu, wurden kantiger, bekamen eine tiefere Stimme *und* – ihnen wuchs ein Bart. Der hatte zuerst denselben Sinn, wie die Mähne im Gesicht des Löwenvaters: Der sollte die Männer größer und stärker erscheinen lassen. Der sollte das Gesicht verstecken und den Männern einen wilden Ausdruck verleihen, der alle möglichen Feinde erschreckt. Auch die tiefe Stimme sollte bedrohlich wirken wie tiefes Knurren und Grollen. Waren die Menschenkinder dann geboren und so weit herangewachsen, daß sie auf eigenen Füßen standen, dann fiel den Wunschvätern der Bart wieder ab, die Stimme hob sich und sie wurden zu Kindern, wie vorher.

Die Wunschmütter verloren die allzuweichen Formen und lebten wie vorher als große Kinder, in allem den Männern ebenbürtig. Jetzt konnte das Spiel der Liebe wieder von neuem beginnen.

Da aber geschah es, daß viele Menschen, die einmal die Rolle des Mannes und Wunschvaters durchlebt hatten, sich nicht mehr für die Rolle der Frau und Wunschmutter interessierten. Das war ihnen im Vergleich zu umständlich und unbequem: Immerzu Arbeit ohne Ende – Kinder stillen, Kinder waschen, Kinder hüten, Kinder füttern, Kindern den Popo abwischen, Kinder kleiden und immerzu kochen, putzen und waschen...

Nein, da war es doch bequemer, zusammen mit anderen Männern auf die Jagd zu gehen, zusammen Feinde zu erschrecken und sich seiner Heldentaten zu brüsten bei Bier und Lagerfeuer.

Die Wunschmütter konnten aber nicht mehr zurück, nicht mehr heraus aus ihrer Rolle als Hausfrau und Mutter, weil die Männer nicht mehr tauschen wollten. Da brachten die Frauen den Fall vor die Schöpfung. Die Schöpfung war von den Männern enttäuscht. Sie erkannte, daß die Männer der Freiheit nicht gewachsen waren und nicht der Gerechtigkeit, die in dem Willen der Schöpfung lag, daß alle Geschöpfe im Zustand der tiefsten Zuneigung ihre Rollen selbst aussuchen durften.

Darum entschied die Schöpfung, daß die Männer nun nie mehr zurück dürften in den Zustand der kindlichen Freiheit, wenn sie einmal erwachsen wären. Sie sollten niemals mehr selbst Kinder bekommen dürfen. Ihnen sollten die Gesichter zuwachsen mit stacheligem Gestrüpp. Ihre brummelig tiefen Stimmen sollten ihnen bleiben. Ihr Bart sollte wuchern und wachsen, daß ihnen das Essen und Trinken darin hängenbliebe, als Spott auf ihre Bequemlichkeit.

Nun ja, dabei ist es geblieben, den Männern wächst der Bart und den Frauen nicht. Manche Männer schämten sich, und begannen, sich den Bart zu rasieren. Doch die Schöpfung ist nicht nachtragend: Auch heute noch dürfen Männer und Frauen, Mütter und Väter die Rollen tauschen. Nur beim Kinderkriegen geht das nicht. Ansonsten in der Liebe und bei der Zärtlichkeit gilt das Geschenk der Freiheit für alle gleichermaßen.

Damit nun aber kein eifernder Mensch das Geschenk der Freiheit, das die Schöpfung einmal allen Arten mitgegeben hat, als *unnatürlich* verdammen könnte, ließ die Schöpfung in der Natur *einer Art* die große Freiheit von damals, aus der Zeit der Anfänge:

Die bunten Korallenfische im Roten Meer sind nicht so barsch wie sie heißen: Wenn dort die quirligen Fischlein sich für Kinder entschließen, dann stecken sie die Köpfe zusammen und fragen einander: Was wäre dir lieber? Möchtest du Vater oder Mutter unserer Kinder werden? Und wenn sie sich einig geworden sind, werden die einen zu Männchen und die anderen zu Weibchen, und die Weibchen legen die Eier ab und die Männchen versorgen die Brut. Sind die Fischkinder groß genug, dann streifen Männchen und Weibchen ihre Rollen ab wie ein ausgedientes Kleid und das Spiel der Liebe kann neu beginnen.
Dies zum Zeichen dafür, daß alles, was in der Natur vorhanden ist, nicht unnatürlich ist.

14. Schlüssel zum geheimen Wissen der Pinguine

Sabina Ostmann, 9 Jahre alt:

Warum steigt bei den Bäumen der Saft bis in die Blätter?

Von unten nach oben steigt der Saft, wo Wasser doch ansonsten nur von oben nach unten fließt?

Euer Gnaden mögen verzeihen, aber die Wissenschaft will herausgefunden haben, das Steigen des Saftes in der Rinde der Bäume, das liege an der Kapillarwirkung der Äderchen im Rindenbast und am osmotischen Druck in den Blättern.

„Osmotisch" und „Kapillarwirkung" – das soll einer verstehen!

Kurz: Warum das so ist, weiß die Wissenschaft nicht. Sie versteckt sich hinter Fremdworten. Alles andere liegt im Dunkeln. Genauer gesagt: im Dunkel der Vergangenheit.

Das war nämlich so: Schon am Anfang hatte die Schöpfung beschlossen, daß das Wasser sich immer von oben nach unten bewegen sollte.

Das tut es auch heute noch. Oder fließen die Flüsse etwa vom Meer durch die Mündung hinauf zur Quelle? Na also! Nachdem die Wasserfluten nun eine Ordnung hatten, wurden im Spiel der Möglichkeiten auch die Pflanzen geschaffen. Das Wasser hielt sich an seine Gesetze und es regnete vom Himmel. Es regnete so heftig, daß alles, was auf der Erde gedieh, keinen Durst leiden mußte. Die Blumen und die Bäume kannten die Gesetze des Wassers und tranken

72

mit den Blättern. Die Wurzeln gaben lediglich den festen Halt im Erdreich.

So weit – so gut.

Aber dann – Euer Gnaden – entstanden die Tiere. Und die allerzahlreichste Gruppe, das waren und sind die Insekten. Und es regnete und regnete. Manche Eintagsfliege hatte ihr Leben lang niemals die Sonne gesehen. Viele Käfer ertranken.

Da beschwerten sich die Insekten.

Der Regen ließ nach. Die Sonne brach durch die Wolken. Die Sonne schien. Die Sonne brannte. Die Insekten freuten sich. Die Eintagsfliegen jubelten. Die Sonne brannte ohne Unterlaß.

Da ließen die ersten Bäume ihre Blätter hängen. Da verwelkten die ersten Blumen.

„Durst!" raunten die Wälder. „Hilfe, wir verdursten!"

Das löste Alarm aus bei den Insekten. Viele waren den Blumen und Bäumen in tiefer Freundschaft verbunden. Man gründete Hilfskomitees. Man beriet sich. Man schritt – Verzeihung, Euer Gnaden – man krabbelte, man kroch, man schwirrte, man summte und brummte, man trippelte und trappelte zur Tat!

„Rettet die Bäume! Rettet die Blumen!" So surrte es überall.

„Was trinken die auch mit den Blättern?" brummten die Faulgepanzerten, die Wanzen, die Zecken, die Milben. Das war klug gefragt, aber nicht so gemeint.

„Was sollten die Pflanzen denn anderes tun?" riefen die Ameisen verärgert. „Schließlich bewegt sich das Wasser von oben nach unten und nicht umgekehrt!"

„Naja", brummten die Faulgepanzerten, die Wanzen, die Zecken, die Milben. „Naja, darüber läßt sich nachdenken." Und sie dachten hin und dachten her und rührten weder Rüssel noch Fühler.

Ganz anders die Schmetterlinge. Die flatterten zum Wasser, nahmen Tröpfchen um Tröpfchen auf, flatterten zurück zu den Blumen und rollten das kostbare Naß direkt in die Blütenkelche.

Oder die Hummeln – die trugen den Morgentau zum Klee, zum Ginster und zum Löwenzahn.

Die Bienen sammelten an Teichen und Bächen Tropfen für Tropfen ein, um den Obstbäumen gegen den Durst zu helfen. Sie brachten das Wasser bis auf den Grund der aufgeplatzten Knospen.

Die Ameisen aber ahnten, daß die Zeit der Baumblüte kurz ist und die größere Arbeit noch bevorstand: Bäume und Blumen mußten auch nach der Blüte getränkt werden!

Eine gigantische Aufgabe. Die Ameisen wimmelten durcheinander. Hektisch. Nervös. Ohne gemeinsame Idee, obschon sie so viele waren. Ohne gemeinsamen Plan.

Nur eine einzige Ameise war ebenso klug wie fruchtbar, war ebenso machtbewußt wie entschlossen. Die rief: „Schluß mit dem Durcheinander! So ist mit uns kein Staat zu machen! Bildet Ketten. Von den Quellen bis hoch auf die Bäume. Von den Ästen über die Zweige bis zu den Blättern. Fühler an Fühler. Schöpft Wasser und reicht die Tropfen weiter. Die Bäume haben Durst!"

Und weil in dürren Zeiten jede Hoffnung ergriffen wird, gehorchten die Ameisen. Sie bildeten Ameisenketten, Ameisenstraßen, Ameisenadern. Sie bildeten einen Ameisenstaat und setzten die Kluge, die Fruchtbare, die Machtbewußte als Ratgeberin an die Spitze. Die Ameisen unterwarfen sich ihrer Königin.

Ihr Plan schien zu gelingen. An den Baumblättern aber scheiterten die Ameisen. Die Blätter waren unter der sengenden Sonne hart und spröde geworden. Wie nun das Wasser in die Adern der Blätter pumpen? Die Ameisenkönigin ließ die Blattläuse rufen: „Was ist Eure Aufgabe?"

„Löcher in die Blätter bohren."

„Dann tut, wozu ihr berufen seid. Es soll Euer Schaden nicht sein!"

Die Blattläuse gehorchten. Sie krabbelten auf die Blätter. Sie bohrten die trockenen Adern an. Sie tranken sich voll mit dem Wasser, das ihnen die Ameisen reichten. Sie drückten es durch die Löcher in die fast verdorrten Blätter hinein. Sie pumpten und bohrten ohne Pause. Die Bäume waren gerettet. Das Wasser floß wieder von oben nach unten, Tröpfchen für Tröpfchen lebendiges Naß. Bald standen die geretteten Bäume mit ihren Wurzeln in Sümpfen. Sie konnten das Wasser nicht halten.

Doch warum ist das heute anders?

Nun, die Schöpfung war so gerührt von der Hilfsbereitschaft der Insekten, daß sie dem Wasser erlaubte, in den feinen Adern der Bäume und Pflanzen von unten nach oben zu steigen.

Alle Insekten, die damals geholfen hatten, wurden belohnt: Die Schmetterlinge, die Hummeln, die Bienen mit Nektar aus den Blüten. Den Blattläusen wurde erlaubt, aus den Blättern Saft zu trinken. Sie bekamen sogar die seltene

Gabe, den Zucker dieser Säfte wieder auszuschwitzen. Den dürfen sich die Ameisen von den Blattläusen holen. Die Ameisen aber dürfen bis heute einen eigenen Staat errichten mit einer Ameisenkönigin an der Spitze des Ameisenvolkes. Die Ameisen schonen die Blattläuse. Die aber bekommen aus den Blättern der Bäume Tropfen für Tropfen zurück, was sie damals hineingepumpt haben. Damals — als die Schöpfung dem Wasser noch nicht erlaubt hatte, in Bäumen und Pflanzen von unten nach oben zu fließen.

Nun, Euer Gnaden, ist das „osmotisch"? Ist das „kapillar"? Oder ist das nicht einfach wunderbar?

Ein Wort noch zu den Faulgepanzerten, den Wanzen, den Zecken, den Milben. Weil diese damals den Pflanzen nicht halfen und sich gefielen in klugen Sprüchen und Motzen, müssen sie bis auf den heutigen Tag als Parasiten auf Tieren und Menschen leben, von denen sie Blut und Nahrung schmarotzen. Sie sind vogelfrei und keiner liebt sie.

Von den Ameisen werden sie gemieden. Wie hatte damals die Ameisenkönigin zu den Faulgepanzerten gesagt?

„Es gibt nichts Gutes, außer man tut es!"

Ein Gedanke, der allen Faulgepanzerten, den Milben, den Zecken, den Wanzen, auch heute noch nicht behagt...

15. Schlüssel zum geheimen Wissen der Pinguine

Solvejg Maria Hoppe, 7 Jahre alt:

Warum gehen Krebse rückwärts?

Nun, Euer Gnaden, die Antwort auf diese Frage ist nur schwer zu bekommen. Die Krebse hüllen sich in Schweigen. Glücklicherweise aber kenne ich einen Pinguin, der einmal einen Pinguin kannte, der seinerseits jemanden gekannt hat, der mit den Krebsen gut konnte. Der hat nachgefragt. „Blöde Frage", knurrte der erste Krebs unwirsch und hielt die Zangen hoch. Und *was* für Zangen das waren! „Siehst du diese Zangen?" fragte er. „Es gibt hier unten nicht viele, die Werkzeug bei sich tragen. Und kaum geht unsereiner vorwärts durchs Korallenriff, schon kommt alle Welt herbeigerannt und ruft: He – warte doch mal! Und dann heißt es: Reparier mir mal dies, reparier mir mal das! Kannst du mir dies oder jenes abknipsen? Hier klemmt was, da hemmt was. Und wer muß da ran? Unsereiner. Immer nur unsereiner! Wenn wir aber rückwärts gehen und die Zangen hinter uns herschleppen – zum Schein – dann sind wir eindeutig nicht zu gebrauchen. Also gehen wir rückwärts. Und sag jetzt ja nicht, du hättest was zu reparieren…" Der zweite Krebs ging rückwärts und blieb nicht einmal stehen, als er gefragt wurde, warum er denn rückwärts ginge. Dieser Krebs war ein Sensibelchen. Der ging nämlich deshalb rückwärts, weil er Angst vor den eigenen Zangen hatte! Und *was* für Zangen das waren! Er fürchtete die eigenen Zangen. Er wollte sie lieber hinter sich lassen, als sie über den Augen hängen zu sehen. Ich glaube, er hat es nie geschafft, zu seinen eigenen Zangen Abstand zu gewinnen.

Der dritte Krebs fragte zurück: „Und wie soll ich in meine Höhle kommen, in mein Versteck, meinen Unterschlupf? Vorwärts etwa? Und dann mitsamt der Zangen" – und *was* für Zangen das waren! – „im engen Unterschlupf wenden? Und von hinten kommt der Drückerfisch, und der frißt mich bei lebendigem Leib, nur weil ich mit den Zangen voran, also vorwärts, in meine Höhle einziehe? Mit mir nicht, du komischer Vogel, rückwärts schlüpft der Krebs in die Höhle, immer die Scheren offen zur Verteidigung, rückwärts, jawohl, damit mir keiner hinterrücks den Panzer knackt! Rückzug ist die beste Verteidigung! Und außerdem: Wer mit solchen Zangen" – und *was* für Zangen das waren – „vorwärts geht, gilt als aggressiv, als Angreifer und nicht als Verteidiger. Rückzug aber macht sich auch sonst im Leben bezahlt!"

Drei Krebse – drei Antworten.

So ist das bei Einzelgängern.

Der Pinguin, der einen Pinguin kannte, der seinerseits jemanden gekannt hat, der mit den Krebsen gut konnte, erzählte aber noch eine vierte Geschichte. Denn dieser Pinguin traf einmal einen Einsiedlerkrebs, der von der Welt zurückgezogen sein Leben in einem Schneckenhaus fristete. Als nun derjenige, der mit den Krebsen gut konnte, an der Einsiedelei vorbeikam, starrte und glotzte der Einsiedlerkrebs diesen Pinguin so lange an, bis dieser innehielt.

Der Einsiedlerkrebs war über die Jahre in seiner Einsiedelei zu großer Weisheit gelangt. Schließlich sagte er zu dem Pinguin, der mit den Krebsen gut konnte: „Du bist also doch noch gekommen. Ich wußte ja, daß du irgendwann kommst. Und jetzt, auch das weiß ich schon lange, willst du wissen, warum wir Krebse rückwärts gehen? Stimmt's?" Der Pinguin, der mit den Krebsen gut konnte, kam aus dem Staunen nicht mehr heraus. Der Einsiedlerkrebs aber erzählte ruhig und unbeirrt die Antwort auf diese Frage:

„Wir Krebse sind uralte Geschöpfe. Auch wir lebten einmal im Paradies; im Paradies der gepanzerten Zangenträger, der scherenstolz Gerüsteten im reichgesegneten Gewässer. Es mangelte uns an nichts. In diesem Paradies gingen auch wir Krebse vorwärts. Denn vor uns lagen üppige Freuden und ewiges Leben. Wir gingen auch manchmal rückwärts. Denn hinter uns lagen ja dieselben gesegneten Umstände. Paradies bleibt eben überall Paradies.

Als aber droben über dem Wasserspiegel der Mensch *sein* Paradies verlassen mußte, kräuselten sich die Wogen auf unserer Lagune wie überraschte, erstaunte Lippen im Gesicht eines Menschen. Ein mächtiger Entschluß war gefallen! Der Mensch, den die Schöpfung ohnehin über alle Geschöpfe erhoben hatte, bekam sein ewiges Leben genommen und erhielt stattdessen die Gewißheit des sicheren Todes.

,Was ist der Tod?' fragten die Unsrigen.

,Das Ende des Paradieses', antwortete die Lagune, ,das Ende des ewigen Lebens, der Unbesorgtheit und des vollkommenen Glücks.'

,Gilt das auch für uns?' wollten die Scherenstolzen, die Zangenbewehrten wissen.

‚Wer weiß‘, säuselte die Lagune, ‚wer es weiß, für den ist es auch gewiß!‘

Da erkannten die ersten unter uns, daß sie sterblich waren. Auf einmal lag das Paradies nicht mehr *vor* uns, sondern nur noch *hinter* uns. Vor uns wartete der Tod im leeren Panzer. Das Ende. Die kraftlose Zange, die offene Schere, die sich nie mehr schloß. Die es noch nicht wußten, lebten weiter in paradiesischer Unschuld. Die es wußten, lebten in Angst.

Unter dieser schrecklichen Gewißheit, daß das Paradies nicht mehr vor uns lag, sondern nur noch hinter uns, versuchten die ältesten unter den Krebsen, die der Gewißheit des Todes nun am nächsten standen, langsam rückwärts zu schreiten. ‚Zurück zu den Anfängen!‘ riefen sie, ‚zurück zu den Ursprüngen!‘

‚Es gibt kein Zurück mehr ins Paradies!‘ riefen die Jüngeren. Doch auch sie wußten sich in der Gewißheit des Todes, der vor ihnen lag, keinen anderen Rat, als sich den Alten anzuschließen – sie begannen nur noch rückwärts zu gehen. Und indem sie stets zurückgingen, glaubten sie sich vor der Zukunft gerettet.

Natürlich war das ein Trugschluß. Wer rückwärts geht, entflieht nicht der Zeit! Die Schöpfung aber hatte ein Einsehen mit den Krebsen, die ja eigentlich an ihrer Vertreibung aus dem Paradies keine Schuld trugen.

Sie nahm ihnen die Angst vor dem Tod. Bei den Krebsen fallen Anfang und Ende zusammen.

Wer zurückgeht zu den Ursprüngen, stirbt und tritt gleichzeitig ein ins Paradies der scherenstolz Gerüsteten, der Gepanzerten und Zangenbewehrten.

Wir treten ein in die warme Lagune der Anfänge! Aber auch jene Krebse, die das Meer verlassen hatten und sich über Land in die Bäche und Teiche begaben, wissen um unser altes Geheimnis: denn droht ihnen eine Gefahr, dann suchen auch diese Krebse den Weg zurück, zurück ins Paradies. Darum gehen wir Krebse rückwärts."

Hier verstummte der weise Einsiedlerkrebs. Er hatte alles erzählt, was zu erzählen war. Langsam bewegte er sich aus seinem Schneckenhaus, grüßte noch einmal mit einer Zange und schritt würdevoll auf dem Meeresboden hinab in die dunkleren Tiefen. Er ging rückwärts. Der Pinguin, der einen Pinguin kannte, der seinerseits einen Pinguin kannte, der mit den Krebsen gut konnte, erzählt, daß danach auch dieser entfernte Bekannte hin und wieder rückwärts zu laufen versuchte. Er sei dabei öfter hingefallen.

Wenn dann jemand fragte, warum er denn rückwärts laufe, gab dieser Pinguin zur Antwort: Wer weiß, vielleicht werde ich dabei immer kleiner und kleiner, werde wieder zum Küken und darf zurück ins Ei?

Die meisten Pinguine hielten diesen Zeitgenossen für verrückt. Er ist wie alle anderen älter geworden und irgendwann gestorben. Doch erzählen sich die Alten, daß er ohne Angst und lächelnd von dieser Welt gegangen sei. Und das ist selbst bei Pinguinen eine große Seltenheit!

16. Schlüssel zum geheimen Wissen der Pinguine

Ofelia Jung, 6 Jahre alt:

Warum wächst die Kartoffel in der Erde?

Nun, Euer Gnaden, unsere gute Kartoffel, ob Pellkartoffel, Salzkartoffel oder Bratkartoffel – unsere gute Kartoffel stammt nicht von hier. Darum finden wir die Antwort auf eine Frage zu den Ursprüngen auch nur am Ort der Ursprünge: In Süd-Amerika. Dort, wo die Kartoffel herstammt. Heute heißen diese Gegenden Bolivien und Peru. Dort, in fast 3000 Metern Höhe, im Hochland, ist die Heimat unserer guten Kartoffel. Hier wuchsen ihre Vorfahren, die Wildkartoffeln. Es gibt sie heute noch. Und diese wilden Kartoffeln, *die* können sich noch gut erinnern, wie das kam in den Zeiten der Ursprünge, daß die erste Kartoffel unter die Erde gegangen ist, um *dort* zu wachsen und nicht etwa auf einem Baum:

Als Patcha Mama, so heißt die Schöpfung in Süd-Amerika, die erste Kartoffel geschaffen hatte, wollte sie damit den Hochlandindianern, den Quetschua und Aymara, ein großes Geschenk machen. Diese indianischen Bauern sollten nicht mehr hungern müssen, wenn der Regen die Hirse und der Hagel den Mais vernichtet hätten.

Da war die erste Kartoffel, eine Wildkartoffel, sehr sehr stolz auf diese wichtige Aufgabe, die ihr von Patcha-Mama anvertraut worden war.

Die erste Wildkartoffel lag noch im Schoß der Schöpfung, im warmen Dunkel der Hoffnung, als sie dachte: Wie werde ich wohl aussehen? Wer so eine schöne Aufgabe von der Schöpfung bekam, wie ich, ist sicher auch äußerlich sehr schön, damit die äußere Schönheit auch meine innere Schönheit widerspiegelt.

Doch leider war es dunkel um die Kartoffel herum. Also bat sie die Schöpfung darum, ans Licht, an den Tag gebracht zu werden.

Die Erde öffnete sich. Die erste Wildkartoffel lag auf einem Acker. Doch sie hatte keine Augen. Sie lag im Licht des hellen Tages und konnte doch nichts sehen.

„Ist da wer?" fragte sie laut. Doch sie hörte nur eine Maisstaude rascheln, das Wiegen eines Halmes Hirse im Wind, das Rasseln der Hirsekörner, der Quinua, oben am Halm.

„Bin ich schön?" fragte die Kartoffel.

Sie bekam keine Antwort. Doch schien der Mais zu lachen, und die Quinua schien zu kichern.

„Was lacht ihr?" fragte die Kartoffel.

Da flüsterte der Mais zur Hirse: „Zum Glück braucht sie ihren eigenen Anblick nicht auszuhalten. Sie ist blind. Das erlöst sie von ihrer Häßlichkeit."

Das Geflüster zwischen Mais und Quinua war leider zu laut, als daß die Wildkartoffel nicht doch etwas mitbekommen hätte. Sie war verunsichert.

„Bin ich schön?" fragte sie noch einmal. „Ich habe eine schöne Aufgabe."

Mais und Hirse neigten sich unter dem Wind und schwiegen betreten.

„Warum schweigt ihr?" fragte die Kartoffel. Sie erhielt keine Antwort. Da schwieg auch sie und dachte nach. Ich werde die Schöpfung bitten, mir Augen zu geben, beschloß die Kartoffel nach langem Nachdenken.

„Weshalb möchtest du Augen?" fragte die Schöpfung.

„Ich möchte wissen, wie ich aussehe, und ", – die Kartoffel zögerte –, „ich möchte sehen, ob ich schön bin."

„Augen", sagte die Schöpfung, „Augen lassen sich täuschen. Manches sehen sie. Vieles können sie nicht sehen. Beurteilen aber können sie nicht. *Was* Schönheit ist und *wer* schön ist, bestimmen nicht die Augen. Das bestimmt der Geschmack. Und der ist wandelbar."

„Trotzdem", seufzte die Kartoffel.

„Selbst wenn der Geschmack von anderen bestimmt wird?"

„Trotzdem", bat die Kartoffel.

„Und woher wirst du wissen, ob die anderen und ihr Geschmack recht haben oder nicht?"

„Trotzdem", seufzte die Kartoffel und schwieg.

Da erbarmte sich die Schöpfung und schenkte der Kartoffel Augen. Die Kartoffel blinzelte ins Helle. Das erste, was sie sah, war ein gertenschlanker Grashalm. Dann sah sie den hochgewachsenen Mais. Zuletzt fiel ihr Blick auf die Quinua, die Hirse, mit ihrem grazilen Halm und den feingeperlten Körnern in der Ähre.

„Nun hat sie Augen", sagte der Mais.

„Jetzt kann sie selber sehen", flüsterte die Hirse.

„Armes Ding", raunten die beiden. „So plump und unbeholfen."

„Bin ich schön?" fragte die Kartoffel.

84

„Wer weiß", antwortete der Mais vieldeutig und raschelte mit seinen schmalen Blättern. Die Quinua sagte nichts. Sie wiegte sich im Wind, wie nur die Hirse es kann.

„Gefalle ich euch?" fragte noch einmal die Kartoffel.

„Sieh dich doch an, dann weißt du die Antwort", gab die Hirse schnippisch von sich.

Wie soll ich mich selbst betrachten? dachte die Kartoffel. Geht nicht. Meine Augen sitzen direkt auf meinem Körper. Doch sie strengte sich an. Machte Stielaugen. Schlug aus in weißen dünnen Trieben. Und betrachtete sich.

Da erkannte die Kartoffel, daß sie anders war. Anders als Quinua und Mais. Die waren schlank und rank! Sie aber war unförmig, dick. Sie war knollig plump und klumpig. Sie schämte sich. Sie empfand sich als häßlich. Sie weinte. Sie wollte so sein wie die anderen. Die anderen, das waren der Mais und die Quinua. Warum mußte sie, die einen so schönen Auftrag hatte, so häßlich auf der Welt erscheinen?

Die Tränen der Kartoffel wurden von Patcha Mama, der Schöpfung, gespürt, denn sie fielen direkt auf die Erde.

„Warum weinst du?" fragte die Schöpfung.

Die Kartoffel schwieg. Der Mais raschelte. Die Quinua wiegte sich im Wind.

„Weine nicht!" bat die Schöpfung. „Ich habe dir eine so schöne Aufgabe aufgetragen, daß Mais und Quinua neidisch sein müßten. Dich werden einmal die Menschen verehren. Besonders aber die Kinder. Die werden dich von deiner äußeren Gestalt erlösen!"

„Ist das wahr?" fragte die Kartoffel.

„Wie kannst du zweifeln?" fragte die Schöpfung zurück.

„Ich zweifle nicht", sagte die Kartoffel, „aber ich habe eine

Bitte: Ich möchte nicht, daß mich die Menschen und besonders die Kinder so sehen. Auch der Mais und die Hirse sollen mich nicht mehr von oben herab belächeln. Darum möchte ich gerne in der Erde, in deinem Schoß, Patcha Mama, gedeihen."

Da lächelte die Schöpfung und gewährte der Kartoffel die Bitte. Seitdem gedeiht die Kartoffel in der Erde. Sie hält sich für häßlich.

Über der Erde aber gab die Schöpfung der Kartoffel eine Frucht, die der Tomate sehr ähnlich sieht, die man aber leider nicht essen kann. Das hatte seinen Grund. Das war ein Zeichen. Denn Patcha Mama, die alles hervorbringt — wie die Quetschuabauern sagen, und auch die Aymara in Südamerika, Patcha Mama wollte, daß die Menschen, besonders aber die Kinder, erkennen sollten, daß Kartoffel und Tomate zusammengehören. Die Tomate als Ketchup. Die Kartoffel als Pommes. Und als Pommes ist die Kartoffel von äußerst schlanker Gestalt!

Die Schöpfung hat Wort gehalten: Pommes mit Ketchup ist noch heute das Lieblingsgericht aller Kinder. Und als Pommes gesehen ist die Kartoffel von eleganter Gestalt — oder nicht?

Und wäre die Quinua eine dicke Knolle gewesen und der Mais von gurkiger Gestalt, die Kartoffel hingegen schlank und rank — wer weiß, vielleicht hätte sie auch geweint und sich mehr Rundes, mehr Fülle und mehr Knolle gewünscht, um nicht mehr so häßlich schlank zu sein...

17. Schlüssel zum geheimen Wissen der Pinguine

Jonas Weiß, 9 Jahre alt:

Warum haben manche Kinder Sommersprossen?

Nun, Euer Gnaden, wenn Ihr mich fragt, dann denke ich, dieser Jonas hat selber Sommersprossen. Doch, ich bin mir ganz sicher. Warum fragt einer so was?
Weil er selber Sommersprossen hat!
Und vielleicht ist er deswegen gehänselt worden. Doch doch, Euer Gnaden, es gibt Kinder, die hänseln andere Kinder wegen ihrer Sommersprossen: „Pickelgesicht! Pünktchennase! Schecki – Flecki – Streuselkuchen!"
Leider ist das so. Und wer Sommersprossen hat, muß da durch. Da gibt es kein Entrinnen.
Obschon – ich meine, wenn alle Kinder wüßten, was es mit diesen Sommersprossen wirklich auf sich hat – also, es könnte sein, daß sich dann die meisten Kinder, die keine Sommersprossen haben, daß die sich dann nichts sehnlicher wünschten, als eben – Sommersprossen!
Das war nämlich damals in der Zeit der Anfänge. Erinnern Euer Gnaden sich an die Geschichte, die ich erzählte auf die Frage hin, warum die Milch weiß ist? Damals kam es doch zu dem großen Abschied der ersten Menschenpaare. Die Schwarzen gingen nach Afrika, die Gelben nach Asien, die Rosafarbenen nach Europa, und die Rothäutigen gingen nach Nord- und Südamerika.

Das war ein sehr trauriger Abschied gewesen, besonders für die Kinder, die braunen, die roten, die gelben und die rosafarbenen Kinder.

Denn wenn Kinder umziehen müssen, verlieren sie erst einmal ihre besten Freundinnen und Freunde. Und das ist hart. Wer selbst einmal umgezogen ist, der weiß, wovon ich spreche. Und die Kinder am Ort, wohin dann gezogen wurde, die wissen auch, daß die „Neuen" es nicht einfach haben. Die werden zuerst beschnuppert und beäugt. Die werden nicht so einfach aufgenommen. Die müssen erst mal beweisen, was sie können und wer sie sind. Das ist auf der ganzen Welt so, wenn Kinder Abschied nehmen oder neu dazukommen.

Dennoch ist der Abschied meist trauriger als die Ankunft. Die Geschichte des großen Abschieds begann damit, daß die ersten Elternpaare um ein großes Feuer saßen, die Kinder im Schoß hielten und schweigend in die Glut starrten.

Dann, als die Kinder unruhig wurden, weil sie nicht wußten, warum die Erwachsenen so schweigsam waren, standen die Männer auf und sangen ein Lied. Ein Abschiedslied. Da wußten auch die Kinder Bescheid.

Sie holten sich Glut vom großen Feuer und machten ihr eigenes kleines Lagerfeuer. Da saßen sie im Kreis und schnieften. Würde man sich wiedersehen?

Wann und wo?

Würde man sich ganz aus den Augen verlieren?

Die Kinder wußten es nicht.

Und es war, wie es heute noch unter Kindern ist: Manche kümmerte es nicht so sehr, daß Abschied genommen werden mußte, und andere wiederum, denen schnürte der Abschied die Kehle zu. Das waren *die* Kinder, die untereinander besonders befreundet waren. Die miteinander gingen. Die Essen und Spiel miteinander teilten. Denen fiel der Abschied am schwersten.

Die hielten sich an den Händen. Die legten sich die Arme um die Schultern. Die schämten sich nicht, daß hier und da Tränen in die Augen traten.

Die Schöpfung hatte damals zu den Erwachsenen gesagt: „Geht jeder an seinen Platz. Seid bunt und mehret euch! Damit die Vielfalt der Menschen ihre Einfalt überwiegt!" Und die Kinder mußten mit. Der Abschied war nicht abzuwenden.

Das wußten die Kinder an ihrem kleinen Lagerfeuer. Sie versprachen einander hoch und heilig, daß sie sich besuchen wollten. Sie wußten ja nicht, wie weit Europa von Asien, Afrika von Amerika und Amerika von Europa entfernt lagen. Sie wußten noch nichts von den hohen Gebirgen, die unüberwindlich waren für kleine Kinderfüße. Sie kannten auch nicht die Ozeane, die zwischen den Kontinenten überwunden werden mußten. Sie waren einander so nah, daß sie keine Entfernungen kannten. Manche verabredeten geheime Grüße: Sie sagten, wenn wir nicht mehr beisammen sind, werde ich jeden Abend zum Mond hinaufsehen. Und du machst es ebenso. Dann treffen sich unsere Blicke im Mond und wir wissen, daß wir aneinander denken. Andere versprachen, dem Wind und den Wolken Grüße mitzugeben. So saßen sie und das kleine Lagerfeuer brannte herunter, bis nur noch rote Glut im Aschenhaufen glomm.

Als die Sonne im Osten über den Himmel das erste Morgenrot goß, saßen die Kinder noch immer eng umschlungen beieinander. Und jedes Kind dachte darüber nach, welches Abschiedsgeschenk es seinem liebsten Freund oder seiner liebsten Freundin machen könnte, um nicht so schnell vergessen zu werden. Als die Schöpfung die ersten Kinder so einträchtig beeinander sah, die roten, die gelben, die schwarzen, die rosafarbenen, da war sie so gerührt über diese selbstverständliche tiefe Freundschaft, die einige Kinder verband, daß sie beschloß, diesen Kindern ein Abschiedsgeschenk zu machen, das auf immer und ewig das Band der Freundschaft bezeugen sollte: Die engsten Freunde unter den Kindern durften eine winzige Eigenschaft des anderen mit in die Fremde nehmen! Und je tiefer die Freundschaft zwischen den Kindern war, desto größer sollte das Geschenk der Schöpfung für diese Kinder sein: Die indianischen Kinder, die neben einem asiatischen Kind saßen und sich im Abschied umarmten, sollten die Gestalt der Augen annehmen dürfen, die wohlgeschwungenen Mandelaugen der asiatischen Kinder. Diese bekamen dafür von den indianischen Kindern zum Andenken an ihre innige Freundschaft das tiefschwarze, volle Haar.

Die schwarzen Kinder, die neben einem rosafarbenen Kind saßen und sich zum Abschied umarmten, sollten zum Andenken an ihre innige Freundschaft mit hellen Händen auf die Welt kommen dürfen und das Helle ihrer Freunde von damals in den Augen tragen dürfen.

Die rosafarbenen Kinder, die neben einem schwarzen Kind saßen und sich zum Abschied umarmten, sollten zum Andenken an diese innige Freundschaft deren tiefbraune

Farbe in kleinen Punkten auf der Haut tragen dürfen. Das waren die Sommersprossen. Und weil diese aus jener großartigen Freundschaft zwischen rosafarbenen Kindern und afrikanischen Kindern stammen, werden sie im Sommer stärker.

Doch es saßen auch rosafarbene Kinder mit indianischen Kindern zusammen. Die durften die rötliche Hautfarbe ihrer besten Freundinnen und Freunde im Haar mit in die Fremde nehmen. So trug jedes Kind beim großen Abschied damals in der Zeit der Anfänge einen winzigen Teil des anderen Kindes mit sich fort als Zeichen der großen Freundschaft, die die Kinder aller Hautfarben verband.

Heute erinnern sich leider nur wenige Menschen daran, daß sie als Geschenk einen Teil des anderen tragen dürfen. Nur die ganz kleinen Kinder haben sich das uralte Wissen bewahrt. Wenn sie ein anderes Kind mit Sommersprossen sehen, dann tippen sie gerne mit ihren Fingerchen auf diese winzigen Pünktchen und sagen: Da! Da! Aua...

Und sie meinen damit den Abschiedsschmerz von damals. Die Kinder aber, die sich erinnern, sind stolz auf ihre Mandelaugen, auf ihr tiefschwarzes oder rötliches, blondes oder gekräuseltes Haar, auf das Helle im Auge und auf ihre Sommersprossen. Denn sie tragen ein Abschiedsgeschenk der Schöpfung zum Zeichen einer uralten Freundschaft mit allen, die anders sind.

18. Schlüssel zum geheimen Wissen der Pinguine

Hannes Thumm, 6 Jahre alt:

Warum stinkt das Stinktier?

Aber Euer Gnaden! Ich bitte Euch – wer wird denn gleich die Nase rümpfen? Haben Euer Gnaden schon einmal ein Stinktier aus der Nähe betrachtet? Ich sage nur: possierlich! Diese staunenden Knopfaugen! Dieser herrlich buschige Schwanz! Dieses flauschige Fell! Fast könnte man es für ein zu groß geratenes Eichhörnchen halten – einfach zum Knuddeln und Liebhaben!

Naja. Wenn da der Gestank nicht wäre...

Nicht, daß das Stinktier stinkt. Wer das behauptet, lügt. Es ist eher so, daß es stänkert. Das ist aber auch nicht das richtige Wort. Sagen wir: Jedes Stinktier hat hinten unter dem buschigen Schwanz sozusagen eine eingebaute Wasserpistole. Damit kann es, wenn es den Schwanz hochhebt, eine Stinkbombenflüssigkeit verspritzen. In einem sehr feinen Strahl. Damit trifft das Stinktier auf drei Meter genau ins Ziel!

Und wer getroffen wird, stinkt dann.

Genaugenommen ist also nicht das Stinktier ein Stinktier, sondern jenes Tier, das vom Stinktier angesprüht wurde. Stinktiere nennen sich deshalb auch würdevoll „Skunke": Streifenskunk, Tüpfelskunk, Haubenskunk – nach der Kleidung. Kanadaskunk, Andenskunk oder Amazonasskunk – nach dem Wohnort. Hauptsache Skunk, denn „Stinktier" ist für einen Skunk eine Beleidigung!

Woher ich das weiß? Nun, Euer Gnaden, ich hatte einmal das Vergnügen der Bekanntschaft mit einem Humboldt-Pinguin. Der war vom Süden bis hoch in den Norden Amerikas gereist. Eine Entdeckernatur. Darum nannten wir ihn auch ‚Humboldt'. Und der erzählte einmal, was ihm in Mexiko ein Zwergtüpfelskunk berichtet hatte: „Warum wir stänkern können? Warum wir sogar jemanden *anstinken* können, möchte der kleine Herr Humboldt erfahren?"

„Sehr gerne", antwortete unser Humboldt-Pinguin.

„Na gut", sagte der Zwergtüpfelskunk, „auch die Geschichte der Skunke beginnt mit der Schöpfung; wie alle Geschichten des Lebens hier ihren Anfang haben."

„Wie klug! Gewiß! Jaja!" nickte unser Humboldt-Pinguin erfreut, „alles beginnt mit der Schöpfung!"

„Nun waren und sind wir Skunke sehr friedliebende Geschöpfe. Wir tragen dezente Pelze in Schwarz mit Weiß und tun niemandem etwas zuleide. – Übrigens: Sie tragen auch einen sehr gediegenen Anzug! Wo lassen Sie schneidern, Herr Humboldt?"

„Vielen Dank!" antwortete unser Herr Humboldt-Pinguin geschmeichelt. „Ja, auch wir Pinguine haben eine Vorliebe für Schwarz mit Weiß, und dies hier ist ein Frack, aus Federn allerdings, und nicht aus Pelz. Kommt aus Patagonien."

„Stil erkennt unsereiner sofort!" lobte der Zwergtüpfelskunk. „Aber jetzt zurück zu den Anfängen: Weil nun unser Vorfahr in den Zeiten der Ursprünge so verspielt und friedliebend war, wurde er leichte Beute für den Heißhunger der Raubtiere. Kaum hatte unser Vorfahr seine Höhle verlassen, da kam auch schon der Koyote und fraß ihn auf mit Haut und Haar. Der erste Skunk gelangte sofort zurück in den Schoß der Schöpfung. Diese fragte besorgt: ,Soll ich dir die scharfen Zähne des Koyoten mitgeben, damit du dich wehren kannst?'

,Lieber nicht', antwortete der erste Skunk, ,ich möchte es doch noch einmal ohne Waffen versuchen.'

Da lag er wieder in seiner Geburtshöhle. Sogleich schlüpfte er hinaus. Plötzlich aber rauschte es über ihm. Ein mächtiger Adler stieß herab, griff ihn mit seinen Krallenfängen und hob ihn hinauf in das Nest in der Felswand. Dort fraß der mächtige Vogel unseren Vorfahren mit Haut und Haar. Der gelangte sofort wieder in den Schoß der Schöpfung. Diese fragte besorgt: ,Soll ich dir nicht besser die scharfen Krallen des Adlers mitgeben, damit du dich verteidigen kannst?'

Doch der erste Skunk, unser Vorfahr, antwortete ruhig: ,Lieber nicht. Ich möchte es gerne noch einmal ohne scharfe Waffen probieren.'

Schon lag er wieder in seiner Geburtshöhle. Sogleich schlüpfte er hinaus in die Abenddämmerung. Da hörte er Rasseln vor sich im Gras. Wer war das, der dort die Rassel schüttelte zum Tanz? Kaum hatte unser Vorfahr den Kopf gehoben, um nach dem Tänzer Ausschau zu halten, da traf ihn auch schon der tödliche Biß der Klapperschlange. Schon wurde er von der Schlange mit Haut und Haar hinuntergewürgt. Sogleich gelangte er zurück in den Schoß der Schöpfung. Diese fragte besorgt: ,Soll ich dir nicht

besser die Giftzähne der Schlange mitgeben in die Welt?
Irgendwie mußt du dich doch wehren?'
Traurig schüttelte der erste Skunk den Kopf. ‚Danke nein‘,
antwortete er, ‚ich möchte es so gerne ohne tödliche Waffen versuchen!'
Da befand er sich wieder in seiner Geburtshöhle. Er wartete
ab. Erst als es draußen dunkel war, wagte er sich hinaus. Er
streifte durch das taunasse Gras. Er bekam Durst. Er
witterte das Wasser eines nahen Tümpels. Kaum aber hatte
er sein trockenes Schnäuzchen ins Wasser getaucht, da
öffnete dieses seinen weiten Rachen. ‚Jetzt stinkt's mir
aber!' schrie unser Vorfahr noch empört, doch dann hatte
ihn der Kaiman auch schon verschluckt – mit Haut und
Haar.
Zurück im Schoß der Schöpfung sagte diese: ‚Du bist ein
hartnäckiges, duldsames Wesen. Ich habe Gefallen an dir!
Selbst deine Feinde konnten deine Friedfertigkeit nicht
erschüttern. Und weil du alle tödlichen Waffen ablehnst,
will ich dir ein Geschenk machen. Du hast mich selbst
darauf gebracht, als der Kaiman dich schnappte: Immer
dann, wenn dir einer zu nah auf den Pelz rückt, wenn du
denkst ‚Jetzt stinkt's mir aber!' sollst du dich verteidigen
können mit einem Strahl impertinenten Gestankes. Der soll
an deinen Widersachern so lange haften bleiben, bis sie die
Einsicht gewonnen haben, niemals mehr im Leben einem
friedlichen Skunk zu nahe zu kommen!'
Und schon lag unser Vorfahr, der erste Skunk aller Skunke,
in seiner Geburtshöhle. Sofort ging er hinaus, obwohl noch
heller Tag war. Und siehe, der Koyote, der Adler, die
Klapperschlange und sogar der Kaiman hielten respektvoll

Abstand. Nur der Mensch war noch dumm. Er sah den ersten Skunk und rief: ‚Wie drollig! Ich will ihn fangen und ihm das Fell über die Ohren ziehen – der soll heute mein Braten sein!' Da wühlte unser Vorfahr mit den Vorderpfoten im Dreck, zum Zeichen, daß er in der Lage wäre, den Menschen sehr intensiv zu beschmutzen. Der verstand das aber nicht und rief nur: ‚Der hat noch nicht einmal Angst!'

‚Jetzt stinkt's mir aber!' dachte unser Vorfahr empört, er drehte dem Menschen den Hintersten zu, er hob seinen Schwanz steil in die Höhe, er machte sogar Handstand, und als das alles keinen Eindruck hinterließ, drückte er ab. ‚Ein Stinktier!' schrie der Mensch entsetzt, als ihm der Duft des Skunks in Haaren und Kleidern haftete.

‚Selber Stinktier, zweibeiniges!' dachte unser Vorfahr und trollte sich.

Seitdem lassen selbst die Menschen uns Skunke in Ruhe. Nur ihr Spottname ‚Stinktier' ist bis auf den heutigen Tag an uns haften geblieben. Gestunken haben aber die Menschen, und nicht wir, Herr Humboldt-Pinguin, wir Skunke sind gänzlich ohne Gestank, wie Sie sich selbst überzeugen konnten!"

„Sehr – sehr aufschlußreich", bedankte sich unser kleiner Herr Humboldt-Pinguin und verbeugte sich. „Ich werde alles wortwörtlich weitergeben!"

Und daran hat unser kleiner Humboldt-Pinguin sich auch gehalten. Er gab immer alles genauso weiter, wie er es in Erfahrung gebracht hatte. In Deutschland wurde ihm zu Ehren deshalb eine Universität benannt: Die Humboldt-Universität. Der Pinguin ist weggefallen. So sind halt die Menschen. Und kaum einer weiß noch, daß *er* es war, der herausgefunden hat, warum die Stinktiere stinken. Verzeihung: Warum der Skunk seine Feinde so gut anstänkern kann.

19. Schlüssel zum geheimen Wissen der Pinguine

Andreas Geier, 7 Jahre alt, und Carola Geier, 12 Jahre alt:
Warum trägt der Schornsteinfeger einen Zylinder?

Das beste, Euer Gnaden, das beste wäre, direkt einen Schornsteinfeger zu fragen. Aber heute ist Sonntag. Und sonntags ruhen auch die Schornsteinfeger aus. Nur die Schornsteinfegerkinder sind schon lange wach. Die sind jetzt auch gespannt! Begrüßen wir also heute morgen speziell die Schornsteinfegerkinder. Denn mit Schornsteinfegerkindern fing alles an – und zwar in Italien, vor mehr als 200 Jahren:

Damals nannte man die Schornsteinfeger noch Kaminkehrer. Die Schornsteine waren Kamine, die vom offenen Feuer den Rauch einfingen und über den Dachfirst aufsteigen ließen. Der Kaminkehrer mußte zweimal im Jahr den Ruß aus diesem Rauchfang kehren. Denn zuviel Ruß verstopft den Kamin. Und er brennt leicht! Das ist gefährlich. Denn bei einem Kaminbrand lodert die Flamme wie aus einem Hochofen. Dann greift der Brand leicht um sich. Ganze Stadtviertel sind deshalb schon abgebrannt.

War also der Kamin verstopft, wurde der Kaminkehrer gerufen. Der mußte in den Schornstein steigen und den Schlot von innen reinigen.

Solche Drecksarbeiten machte kein Schornsteinfegermeister selber: Er holte sich dafür Kinder.

Arme Kinder von der Straße, die sonst kein Auskommen hatten. Und weil die Schornsteinfegermeister damals selbst nicht viel verdienten, sparten sie auch am Lohn der Kinder. Und weil die Kaminkehrer damals sogar am Wasser sparen wollten, mit dem sich die Kaminkehrerkinder hinterher den Ruß abwaschen konnten, nahmen sie zur Drecksarbeit nur noch schwarze Kinder an. Kinder aus Afrika. Denn schwarze Kinder, so sagten sich die Kaminkehrermeister von damals, schwarze Kinder sind sowieso schwarz – wozu dann noch den Ruß abwaschen?

Nun gab es in der berühmten Stadt Parma eine Hungersnot. Und das, obwohl die Stadt Parma nicht etwa für den Hunger, sondern für die allerfeinsten Schinken berühmt *ist* und damals schon *war*.

Es ging zu, wie es bei einer Hungersnot leider immer zugeht: Am erbärmlichsten leiden die Armen, während die reichen Bürger Parmas ihre Häuser abschlossen und genüßlich von ihrem Überfluß zehren konnten. Hinter verschlossenen Türen und verrammelten Fensterläden. Ihre berühmten Schinken aber hingen im Rauch im Kamin. Die wurden dort geräuchert. Und während die Kinder der Armen, auch die Kaminkehrerkinder, schon Erde essen mußten, um überhaupt etwas in den Bauch zu bekommen, baumelten in den Kaminschächten der wohlhabenden Bürgerhäuser pralle Schinken! Niemand sollte davon wissen.

Nur die Schornsteinfegerkinder kannten die im Geiz zurückgehaltenen Schätze. Als die Hungersnot unter den Armen die ersten Opfer forderte, die Reichen aber noch immer nichts herausrückten von ihren heimlichen Schätzen, gingen die Kaminfegerkinder allesamt zum Schloß der Prinzessin von Parma.

Die Wächter wollten diesen Haufen schwarzer Kaminfegerkinder verjagen. Doch glücklicherweise stand die Prinzessin von Parma gerade auf dem Balkon. Und weil sie ein gutes Herz hatte, ließ sie die Kinder herein ins Schloß. Die Schloßwache rümpfte die Nase.

„Was wollt ihr?" fragte die Prinzessin von Parma.

„Wir wollen Eurer Hoheit etwas erzählen vom Elend und Hunger der Armen und vom heimlichen Reichtum der Reichen, der in ihren Rauchfängen baumelt!"

Die Kinder erzählten, was sie wußten. Die Prinzessin hörte zu. Und weil sie ein gutes Herz hatte, lud sie die Kinder zu Tisch. Die Hofschranzen hoben die Augenbrauen. Die Servietten wurden schwarz von Ruß. Doch den Kindern schmeckte es. Die Prinzessin dachte nach.

Als die Kinder sich sattgegessen hatten, sagte die Prinzessin laut: „Ich habe eine Idee. Ich werde verfügen, daß noch in dieser Woche alle Kamine der Stadt gekehrt und gefegt werden sollen! Und alles – wirklich alles – was in diesen Kaminen im Rauch hängt, soll herausgekehrt werden!"

Da lachten die Kaminfegerkinder und dankten der Prinzessin mit Rußkußflecken auf Ärmel und weißen Handschuh.

„Warum gerade jetzt Kamine kehren?" empörten sich die reichen Bürger, die etwas im Rauch hängen hatten.

„Befehl der Prinzessin", sagten die Kaminkehrermeister und zuckten die Achseln.

100

Doch die reichen Bürger ahnten, daß mehr dahintersteckte. Man mußte die Kaminfegerkinder unter Druck setzen. Einschüchtern. Klein machen.

„He – du schwarzes Bürschchen! Komm mal her!" riefen sie. Und die Kaminkehrerkinder gehorchten. „Hör zu: Du hast hier den Kamin sauber zu machen. Mehr nicht. Verstehst du? Und was bei uns im Kamin hängt, das geht dich Dreckspatz nicht im geringsten was an. Ich hoffe, du verstehst, Kleiner. Wenn nicht, dann sieh dich vor: Unsere Macht reicht weiter als deine Ohnmacht! Verstanden?"

Doch die schwarzen Kaminkehrerkinder blieben störrisch. Sie beförderten die ersten saftigen Schinken an den Tag. Die wurden unter die Armen verteilt.

Da mußten sich die Reichen etwas Neues einfallen lassen. Sie gingen zu den Kaminfegermeistern und sagten: „Wir wollen, daß die Kaminkehrerjungen, die Schornsteinfegerkinder, diese Elendsgestalten und Kaminräuber endlich Ruhe geben und im Rauch hängen lassen, was dort baumelt. Also schenken wir jedem eine schwarze Weste und einen Zylinder. Mit Zylinder können die Bürschchen sich zur feinen Gesellschaft zählen. Und wir von der wirklich feinen Gesellschaft zählen dann auf sie!"

So bekamen inmitten der allergrößten Hungersnot die Kaminkehrerkinder von Parma von der feinen Gesellschaft ihrer Stadt Zylinder und schwarze Westen.

Allein die Schornsteinfegerkinder – selbst zu den Ärmsten der Armen gehörig – blieben störrisch: Trotz Zylinder und schwarzer Westen förderten sie Stück für Stück die saftigsten Schinken zutage. So viele Schinken waren es, daß die Armen satt wurden und die Hungersnot ein Ende hatte.

Da sahen sich die Reichen geprellt und verlangten ihre Zylinder und die schwarzen Westen zurück. Doch die Kinder gaben sie nicht heraus. Geschenkt ist geschenkt! sagten sie. Der Fall kam vors Hohe Gericht. Die allerhöchste Richterin von Parma aber war die Prinzessin. Diese erließ das folgende Urteil:

„Ihr reichen Bürger von Parma! Als Ihr die Hungersnot vor Eurer Haustür erkanntet, habt Ihr Herzen und Türen verschlossen, um ja nicht teilen zu müssen! Als Ihr den Kaminkehrerkindern Zylinder und Westen schenktet, da wolltet Ihr nicht diesen Kindern helfen, sondern zuallerst Euch selbst.

Nun aber haben die Kinder Euren Geiz und Eure Hartherzigkeit aus Euren Kaminen gekehrt. Sie haben sich dabei dreckig gemacht. So sehr, daß der Hunger der Armen endlich ein Ende fand. Das war ein so vornehmer Schritt, daß diesen Kaminkehrerkindern auch die heutzutage vornehmste Kleidung gebührt: Zylinder und schwarze Weste! Ab heut' auf alle Tage."

Seitdem tragen die Schornsteinfeger eine schwarze Weste und einen Zylinder.

Die Kaminkehrerkinder aber sagten: „Wir waren es nicht allein, die der Hungersnot ein Ende machten. Wir wollen uns auch bei den Schweinen bedanken, die ihre Schinken lassen mußten. Denen soll genauso wie uns ein Denkmal gesetzt werden!"

Die Prinzessin lachte und sagte: „Gut. An Silvester und bei Hochzeiten und anderen glücklichen Anlässen sollen die Schornsteinfeger mit Zylinder und schwarzer Weste auftreten und mit einem Ferkel unterm Arm. Damit alle Welt

erkennen möge, wer uns gegen die Hungersnot das größte Glück bescherte!"
Und dabei ist es bis heute geblieben. Hat einer Glück im Unglück, dann sagen wir: Schwein gehabt! Sucht einer das Glück und findet es auch, dann schicken wir ihm eine Postkarte mit einem Schornsteinfeger drauf. Und wenn einer einmal morgens einem Schornsteinfeger begegnet in Zylinder und schwarzer Weste, dann sagen wir: Der bringt uns Glück!
Und weil die Schornsteinfeger das wissen, halten sie fest am alten Brauch und kleiden sich wie vor 200 Jahren die Kaminkehrerkinder von Parma. Jaja, Euer Gnaden, so mancher schwarze Mann ist für uns Menschen ein Segen!

20. Schlüssel zum geheimen Wissen der Pinguine

Fabian und Florian Ferrano, 8 Jahre alt:
Warum ist das Wasser naß?

Nun, Euer Gnaden, als Pinguin weiß ich natürlich, daß Wasser keinesfalls immer naß sein muß! Ist es nämlich gefroren, dann ist es trocken und kalt und sehr hart. Als Eis ist Wasser dann keineswegs naß. Erst wenn das Eis wieder taut, wird es flüssig und ganz natürlich naß.

Wir Pinguine wissen also genau, daß es auch Trockenwasser gibt. Die Menschen nennen es Eis.

Wir nehmen deshalb an, daß das Wasser in den Zeiten der Anfänge durchaus trocken gewesen sein könnte. Für diese Pinguinmeinung sprechen verschiedene Tatsachen:

Zum einen, daß es Tiere gibt, die im Sand schwimmen können. Also im Trockenen. Sodann, daß es Pflanzen gibt, die keinen Saft hervorbringen, sondern puderfeinen Staub. Zum Beispiel der Riesenbovist. Der staubt, wenn einer aus Versehen einmal auf ihn tapst. Und Pilze sind sehr alte Pflanzen! Und ich bitte zu bedenken, daß es auch Tiere gibt, deren Tränen trocken sind und nicht naß – zum Beispiel die Muscheln. Deren Tränen sind die Perlen. Und Perlen sind fest und trocken und außerdem sehr schön.

Einen letzten unschlagbaren Beweis für die Meinung, daß das Wasser vor Urzeiten trocken war, sehen wir Pinguine in den Versteinerungen. Sehen Sie, Euer Gnaden, viele Tiere,

104

die heute noch im Wasser leben, die Fische, die Korallen, die Frösche, die Molche, all diese Tiere finden sich auch mitten im Gestein. Im gewachsenen Fels. Überall auf der Welt.

Nun frage ich Euch, Euer Gnaden, wie kamen diese Fische in das Gestein? Wie soll das vorgegangen sein, wenn nicht so, daß diese Fische einfach damit zurechtkamen, im trockenen und harten Fels zu schwimmen? Und wie sollten sie sich diese Fähigkeiten erworben haben, wenn nicht durch die Tatsache, daß das Wasser anfänglich eben trocken und hart gewesen ist und keineswegs flüssig und naß?

Natürlich war das damals für diese Fische nicht einfach. Wir Pinguine nehmen an, daß so ein versteinerter Steinbutt, oder vielleicht ein Quastenflosser oder Steinbeißer in Millionen von Jahren vielleicht drei Millimeter vorwärts kam! Drei Millimeter! Vielleicht auch nur zwei. Aber vorwärts! Immerhin.

Die Menschen denken da anders.

Wir Pinguine aber sind uns relativ sicher, daß es in den Zeiten der Anfänge ausschließlich trockenes Wasser gab.

Nun haben wir uns aber auch Gedanken darüber gemacht, warum das Wasser dann irgendwann naß geworden ist.

Die einen sagen, das Wasser taute. Das hieße dann, daß alles trockene Wasser zuvor gefroren und Eis war. Eiszeit also. Dafür spricht, daß es Fische gibt, die im Meer einfrieren, im Eisblock erstarren wie ein Insekt im Bernstein. Wenn das Eis irgendwann wieder taut, schwimmen diese Fische quietschlebendig weiter.

Gegen die Eisdenker spricht aber, daß wir versteinerte Fische finden mitten im Felsengebirge!

Und weil wir Pinguine uns nicht einig geworden sind, wie dieses trockene Wasser damals naß werden konnte, haben wir unseren Kaiserpinguin gefragt. Der hat im ältesten Wissen der Pinguine geforscht und folgendes herausgefunden:

„Am Anfang war alles Wasser trocken und hart. Es gab Felsenwasser, Moorwasser und Meerwasser. Trocken und hart. Es gab aber auch schon Fische und Molche, Muscheln und Krebse. Und die, so war es von der Schöpfung vorgesehen, mußten sich im Wasser tummeln. Im trockenen, harten Wasser.

Was heißt da ‚tummeln‘?

Einen oder zwei Millimeter kamen sie vorwärts in Millionen von Jahren! Doch die Wassertiere setzten ihren ganzen Willen gegen die Härte des trockenen Wassers, um den Plan der Schöpfung nicht zu gefährden.

Das war die erste Steinzeit, denn das Wasser war wie Stein. Die Schöpfung war tief versunken in das große Spiel der Möglichkeiten. Die Fische schwammen im Stein, wo wir sie heute noch finden. Die Molche schwammen im Felsengebirge, wo wir sie heute noch finden. Und Muscheln und Krebse ebenso.

Als die Schöpfung aber aufsah von ihrem Spiel der Möglichkeiten, erkannte sie, wie sehr sich die Wassertiere quälen mußten, um in einer Million Jahren vielleicht einen winzigen Millimeter vorwärtszukommen in der Härte, die sie umgab. Und alles nur, um dem Plan der Schöpfung zu gehorchen.

Da war die Schöpfung tief gerührt von der Treue der Wassertiere. Von ihrem absoluten Willen, sich gegen die

Härte des Wassers zu behaupten, und den Auftrag der Schöpfung ernst zu nehmen. Das ging der Schöpfung so nahe, daß sie weinen mußte. Ihre Tränen aber waren naß. Die fielen auf die Erde. Sie lösten die Härte des trockenen Wassers, das langsam zu fließen begann. Mit den Tränen der Schöpfung kam Bewegung in das vormals harte Element. Das Meer begann sich in Wogen zu wiegen. Das Felsenwasser sprang aus Quellen hervor und stürzte sich in stiebenden Vorhängen über Klippen und Klüfte zu Tal. Das Moorwasser löste sich aus der Erstarrung und kräuselte sich unter dem Wind.

Die Fische jubelten! Sie stoben in Schwärmen durch diese weiche Umarmung, die alle Härte unter den Tränen der Schöpfung zerfließen ließ. Die Molche ließen sich in den stillen Wassern der Moore treiben. Die Krebse wanderten vor Freude rückwärts und mußten mit ihren Zangen nicht mehr die Härte des Wassers brechen. Das Wasser war endlich naß!

Ab diesem Augenblick und mit den Tränen der Schöpfung war jedoch nicht nur die Härte des Wassers gebrochen, sondern auch das Weinen in die Welt gekommen.

Alle Geschöpfe sehnten sich nach Tränen.

Die Bäume versuchten zu weinen, doch es tropfte nur Harz aus Rinde und Blättern. Die Blumen versuchten zu weinen, doch es glänzten dann Nektartropfen auf dem Grund ihrer Blüten. Die Schöpfung aber hatte erkannt, welch große Härte sich unter Weinen und Tränen lösen konnte. So beschloß sie, das Geschenk des Weinens für die Menschen aufzuheben. Denn im Weinen und in den Tränen liegt ein Geheimnis verborgen: Die Urkraft der Schöpfung. Die

Kraft zur Veränderung verhärteter und erstarrter Dinge. Die Bewegung, die alles in Fluß hält.
Darum ist das Wasser naß. Darum höhlt steter Tropfen den Stein. Darum sagen wir, „der weint zum Steinerweichen". Nur darum ist uns nach dem Weinen manchmal wohler als vorher. Die Menschen aber scheinen sich des Geschenks der Schöpfung zu schämen. Sie schämen sich ihrer Tränen. Besonders die erwachsenen Menschen. Und ganz besonders die Männer. Die möchten gerne hart sein. Schade eigentlich, sagen wir Pinguine.
Uns Pinguinen wurde das Geschenk des Weinenkönnens leider nicht zuteil. Sehnt sich ein Pinguin nach salzigen Tränen der Erleichterung, der Freude oder der Trauer, oder nach den erlösenden Tränen des Schmerzes, dann springen wir ins salzige Meer. Obwohl wir eigentlich Vögel sind und obwohl das Wasser nicht unser angestammtes Element ist.

21. Schlüssel zum geheimen Wissen der Pinguine

Katja Pfeffermann, 3 Jahre alt:

Warum brennt die Brennessel?

O ja, die Brennessel brennt – aber nicht so, wie Holz oder
Kohle brennen, also die Brennessel *ver*brennt nicht, sondern sie brennt auf der Haut. Wenn man aus Versehen
hineinfällt oder sie anfaßt. Darum sagen die kleinen Kinder
auch Aua-Blume, wenn sie die Brennessel erst einmal ken-
nengelernt haben. Nun ja, *daß* die Brennessel brennt und
wie sie brennt, das haben die meisten Kinder schon an der
eigenen Haut erfahren. Aber *warum* sie brennt, das ist gar
nicht so einfach zu erklären.
Denn am Anfang brannte die Brennessel nicht. Sie war eine
einfache, schlichte Nessel, bescheiden anzusehen, sie wartete darauf, daß ihr die Schöpfung einen Sinn geben sollte
und eine Aufgabe. Die Buntnessel, ihre Schwester, hatte
sich für bunte Blüten entschieden. Die einfache Nessel aber
fand das zu auffällig, zu äußerlich. Und während die
Schöpfung allen Geschöpfen einen Sinn und eine Aufgabe
schenkte, ganz wie es die Geschöpfe wünschten, hielt sich
die Nessel mit Wünschen oder gar Forderungen zurück.
Da gingen die Saurier aus dem Paradies in die Urwelt
hinaus. Die Nessel stand und wartete. Doch dann sah sie,
daß die Saurier mit ihren scharfen Krallen die Erde aufge-
kratzt hatten, daß die blanke Ackerkrume aus dieser

Wunde im Grün offen lag. Ohne groß nachzudenken ging die Nessel hinüber und wuchs über die aufgebrochene Grasnarbe. Sie bedeckte die Wunden der Erde. Sie schützte sie vor dem Austrocknen. Sie spendete Schatten und Kühle. Sie nahm der Erde den Schmerz.

Bald verließen die Rinderherden, die Büffel und die Pferde das Paradies und suchten in der Welt ihren Sinn zu erfüllen. Hinter ihnen aber war die Erde zertrampelt von den scharfen Hufen, geschunden und zertreten. Das sah die Nessel und, ohne nachzudenken, breitete sie sich als ein grüner Teppich über die geschundene Stelle aus. Wieder nahm sie unter ihrem Schatten der Erde den Schmerz und gab ihr neuen Halt.

Als alle Tiere das Paradies längst verlassen hatten, als auch die Pflanzen längst ihre Plätze auf der Erde eingenommen, stand nur noch die Brennessel im Garten Eden. Sie stand überall dort, wo die Erde verwundet worden war. Sie spendete Schatten und Kühle, Halt und Erleichterung. Sie nahm alle Schmerzen von der Erde, sie linderte ihr Leiden. Manchmal ging der Nessel durch den Kopf, die Schöpfung könnte sie vergessen haben. Dann wurde sie traurig. Dann hielt sie sich für das Mauerblümchen. Übriggeblieben und nicht beachtet. Das tat ihr schon weh. Vielleicht, daß die Nessel deshalb die Wunden der Erde bedeckte. Vielleicht, daß sie deshalb Mitleid hatte, weil sie selber litt. Wann endlich würde sie eine Aufgabe bekommen und einen Sinn? Die Nessel wartete.

Doch sie blieb nicht einfach stehen und ließ die Blätter hängen. Das war nicht ihre Art. War irgendwo ein Bergrutsch, dann bedeckte die Nessel die blanke Erde und nahm

ihr ihren Schmerz. War irgendwo eine Feuersbrunst über
die Hecken gezogen, die Nessel überzog die verbrannte
Krume, sie kühlte und nahm der Erde den Schmerz.
Und still wartete sie auf ihren Sinn und ihre Aufgabe.
Als auch der Mensch das Paradies verlassen hatte, folgte
ihm die Nessel. Der Mensch rodete die Wälder und legte
Äcker an. Die Nessel kam und wuchs heilend über die
bloße Erde. Stets nahm sie den Schmerz der aufgerissenen
Erde, stets gab sie Halt und Hoffnung. Der Mensch sah in
der Nessel zuerst nur lästiges Unkraut. Die Menschen
vermehrten sich. Aus Eltern wurden Familien mit Kindern.
Aus Familien mit Kindern wurden Stämme. Aus den Stäm-
men wurden Völker. Die Nessel hielt sich bescheiden im
Hintergrund. Doch sie war immer dabei.
Voller Schrecken mußte sie erkennen, daß die Völker begannen, gegeneinander Kriege zu führen. Voller Schrecken
erkannte die Nessel, daß in diesen Kriegen die Erde unsägli-
che Wunden erlitt. Doch unermüdlich versuchte sie, die
Wunden der Erde zu bedecken, und ihr den Schmerz zu
nehmen, zu heilen, zu überwachsen, was blank und geschunden dalag.
Sie wuchs in den Trümmern der Dörfer und Städte. Sie
breitete ihren Schatten über die Schlachtfelder aus. Sie
siedelte freiwillig in dem Niemandsland tödlicher Grenzen.
Sie brachte die Hoffnung des Lebens, ganz gleich, wie sehr
sich der Mensch in seiner Zerstörungswut an der Erde
verging. Sie wollte helfen. Sie wartete auf ihren Sinn. Sie
suchte sich eine Aufgabe.
Keiner weiß, wann die Nessel zur Brennessel wurde. Doch
sie hatte schon so viele Schmerzen aus der blanken Erde

gezogen, daß sie beschloß, den Menschen, die diese Zerstörungen anrichteten, ein mildes Zeichen zu geben. Sie, die heilend sich immer wieder über die Trümmer der Brände legte, die mit ihren Wurzeln alle Schmerzen der Erde aufnahm, entbrannte in Leidenschaft für das Leben und gegen die Zerstörung. „Ich bin voller Schmerz!" versuchte sie den Menschen zu sagen. „Ich bin das Leben, das weitergeht. Ich wachse zuerst, wenn alles noch in Trümmern liegt. Ich bin das Grün, das Hoffnung heißt!"

Und obwohl die Nessel von den unermeßlichen Schmerzen, die sie der Erde genommen hatte, nun ein leichtes Brennen weitergab, liebte sie doch die Menschen! Die litten Hunger nach den Kriegen. Die waren froh, wenn sich in den Trümmern die ersten Brennesseln zeigten. Die Brennesseln wurden gepflückt. Als Gemüse oder Salat zubereitet. Und sie haben so manches Nachkriegskind vor dem Verhungern bewahrt. Fragt eure Großeltern. Die können davon berichten!

Noch immer brennt die Brennessel. Noch immer wächst sie am schnellsten dort, wo der Mensch der Erde Gewalt antut. Auf Brachen. Auf vernachlässigten Stellen im Garten. Über Trümmern und Schutt. Noch immer ist sie entbrannt in Leidenschaft für die Schöpfung.

Und sie brennt auf der Haut der Menschen. Zum Zeichen, daß dort, wo sie wächst, der Mensch an der Erde etwas wiedergutzumachen hat.

Darum brennt die Brennessel.

Längst hat sie ihren Sinn gefunden. Längst hat sie ihre Aufgabe erkannt. Und wer es gut mit ihr meint, nachdem er diese Geschichte kennt, der kann zur Brennessel hingehen

und sie von unten nach oben sanft berühren. Dann wird ihm die Brennessel nicht wehtun.
Dann schaut nach, *warum* sie dort wächst. Und bitte, verachtet die Brennessel nicht. Sie hat es nicht verdient.

22. Schlüssel zum geheimen Wissen der Pinguine

Gerhard Eilbacher, 7 Jahre alt:

Warum können Blinde nichts sehen?

Nun, Euer Gnaden, ich weiß nicht, ob diese Frage so stimmt. Denn mancher Blinde war ein großer Seher!

Obwohl ein Blinder nicht mit seinen Augen sehen kann, nimmt er doch manches wahr, was anderen Menschen entgeht. Wo der sehende Mensch sich ganz auf seine Augen verläßt, erlebt der Blinde die Welt mit allen anderen Sinnen: Mit den Ohren, mit der Nase, über die Haut, mit den Fingerspitzen und sogar mit den feinen Härchen im Nakken.

Manche Menschen werden blind geboren. Andere wieder erblinden nach einer schweren Krankheit oder nach einem Unfall. Und manche werden erst im hohen Alter blind.

Es gibt aber auch Tiere, die blind sind: Manche Schlangen können nichts sehen, ebenso die Regenwürmer. Auch der Maulwurf ist blind. Und das kam so:

In den Zeiten der Anfänge, als alles noch Wunsch und Gedanke war, fragte die Schöpfung ihre Geschöpfe, wem sie Augen schenken sollte und die Fähigkeit, damit zu sehen.

Da kam der Pfau herbeigelaufen und rief: „Ich! Ich! Ich!"

Da schenkte ihm die Schöpfung zwei Augen zum Sehen und auf jeder Schwanzfeder nochmal ein Auge, damit der

Pfau sich an seinen vielen Augen freuen könnte. Begeistert schlug der Pfau ein Rad und stolzierte mit hochgerecktem Hals davon.

Da kamen fast alle Geschöpfe herbei und die Schöpfung gab ihnen Augen, die sahen. Nur einige Schlangen, die Regenwürmer und der Maulwurf lehnten dankend ab.

Da staunte die Schöpfung und fragte: „Warum wollt ihr nicht sehen? Weshalb wollt ihr blind sein und bleiben?"

Da sagten die Schlangen: „Wenn die Sonne scheint, ist Tag. Wenn der Mond scheint, ist Nacht. Alles, was wir sehen könnten, käme vom Schein. Wir sähen nur das, was beleuchtet ist. Wir Schlangen aber möchten erleuchtet sein. Und dieses Licht kommt von innen und braucht keinen Schein."

Da lächelte die Schöpfung und schenkte diesen Schlangen so feine Zungen, daß sie züngelnd mehr wahrnehmen konnten, als andere Tiere mit ihren Augen. Die Schlangen bedankten sich.

Jetzt antworteten die Regenwürmer. Sie sagten: „Wir leben ohnehin unter der Erde in der Dunkelheit. Wozu dann Augen? Wir lieben die Geheimnisse. Nur die Geheimnisse verführen zum Nachdenken. Nur das Nachdenken bringt Erleuchtung. Und Erleuchtung ist etwas ganz anderes als das, was einer sieht, nur weil es ins rechte Licht gerückt wurde. Erleuchtung verändert von innen!"

Da lächelte die Schöpfung und sagte: „Da ihr euch so nach Erleuchtung und Veränderung sehnt, will ich beides schenken. Die Gewißheit, daß aus allem, was stirbt, neues Leben entsteht. Die Gabe, aus abgestorbenen Blättern und Wurzeln fruchtbaren Humus zu schaffen. Ihr sollt es sein, die den Boden verändern! Ihr sollt es sein, die den Boden bereiten für das neue keimende Grün!" Da freuten sich die Regenwürmer, bedankten sich und krochen davon.

Jetzt sprachen die Maulwürfe: „Wie klug doch die Schlangen sind! Wie weise die Regenwürmer! Auch wir leben unter der Erde, denn über der Erde ist alles Schein und unter der Erde ist Blindheit. Die Blindheit ist der Schlüssel zur Wahrheit. Wir Maulwürfe wollen weder dem Schein noch dem Anschein folgen. Wir möchten nicht sehen, sondern erkennen."

Wieder lächelte die Schöpfung. Und sie schenkte den blinden Maulwürfen so empfindliche Barthaare, daß sie sich damit im Dunkel der Erde überall zurechtfanden. Die Maulwürfe bedankten sich und gruben sich unter die Erde und davon.

Da hatten fast alle Geschöpfe sich entweder für oder gegen Augen entschieden. Nur die Menschen wußten nicht, ob sie auf Augen verzichten sollten oder ob sie sehen wollten. Sie konnten sich nicht entscheiden.

Die einen riefen: „Wahrscheinlich ist es besser, wenn wir sehen können!"

Die anderen hielten dagegen: „*Wahrscheinlich* bedeutet doch nur, daß es wahr zu sein scheint, aber nicht, daß es wahr ist!"

Und weil sich die beiden Parteien nicht einig wurden, gab die Schöpfung den Menschen beide Möglichkeiten – die des Sehens und die der Blindheit.

„Ach!" riefen da jene, die sehen konnten, „ihr Blinden tut uns leid! Wenn ihr wüßtest, was *wir* alles sehen! Die Welt ist bunt, die Sonne scheint!"

Doch die Blinden warnten: „Der Schein trügt! Mit dem Sehen ist auch das Versehen in die Welt gekommen! Die größten Unglücksfälle werden aus Versehen passieren! Die Augen sind die Meister allen Betruges und aller Täuschung!"

„Schwarzseher seid ihr!" spotteten jene, die sehen konnten.

„Wir aber machen die Augen auf und uns ein Bild von der Welt!"

„Ihr werdet die Wirklichkeit noch mit dem Bild verwechseln", warnten die Blinden.

„Wer sich kein Bild macht, bleibt ungebildet!" war die spitze Antwort jener, die sehen konnten.

Jetzt sprechen sie schon in der Sprache der Augen, dachten die Blinden. Und tatsächlich, wenn ein Blinder sagte: „Lebe wohl!" riefen jene, die sehen konnten: „Auf Wiedersehen!" Wenn ein Blinder sagte: „Den kann ich nicht mehr riechen!", sagten jene, die Augen hatten: „Den kann ich nicht mehr sehen."

Wenn ein Blinder sagte: „Mal hören, was er dazu zu sagen hat," sagten jene, die sehen konnten: „Mal sehen, was er sagt."

Wo die Blinden sich Gedanken machten, äußerten jene, die sehen konnten, ihre Ansichten. Wenn die Blinden sagten: „Wir verstehen das nicht.", riefen jene, die Augen hatten, „Wir sehen das nicht ein."

Der Atemzug der Blinden wurde zum Augenblick der Sehenden. Die Blinden wußten stets genau, wie sich das warme Leben anfühlt. Jene, die sehen konnten, wußten nur noch, wie es aussah.

Die Augengläubigen betrachteten die Welt als gehörten sie

selbst nicht dazu. Sie wurden Zuschauer. Die Blinden aber öffneten sich der Welt und dem Leben mit allen Poren und Sinnen. Ihre Sprache war lebendig und reich in der Vielfalt wacher Aufmerksamkeit. So kam es, daß gerade die Blinden zum Erstaunen aller, die Augen besaßen, die größten Seher hervorbrachten.

Denn Blinde sehen anders. Sie schauen nach innen. Sie horchen auf das Echo der Welt.

Der Schein kann sie nicht blenden.